Un meurtre
à Georgetown

Jean Lesieur

Un meurtre à Georgetown

Contre-enquête sur la mort de Mary Meyer

L'ARTILLEUR

ISBN 9782810007493

Éditions du Toucan, Paris, 2016.
16, rue de Vézelay — 75008 Paris

www.editionsdutoucan.fr

« UN CRIME SE COUVRE PAR UN AUTRE CRIME »

Sénèque

« ET VOUS CONNAÎTREZ LA VÉRITÉ,
ET LA VÉRITÉ VOUS RENDRA LIBRES »,
verset de l'Évangile selon Saint-Jean gravé
sur un mur du hall d'entrée de la CIA,
à Langley, près de Washington.

Né le 29 mai 1917 à Brookline, dans la banlieue de Boston, John Kennedy aurait aujourd'hui 100 ans. Assassiné à 46 ans, victime d'un complot ourdi par des hommes de l'ombre qui ne partageaient pas sa belle conviction qu'un monde meilleur était possible, le Président qui aimait les femmes aima Mary Meyer plus que toutes les autres. Elle aussi a été tuée par les mêmes « forces du mal » qui condamnèrent l'homme qui fit de la Maison Blanche un réceptacle de grands mythes modernes. Romanesques. Romantiques. Tragiques. Cette plongée au cœur des coulisses de la vie et de la mort de ce couple magnifique est une sorte d'hommage. À John et à Mary.

Cette enquête n'aurait pu voir le jour sans les inlassables recherches, la générosité, l'amitié, de Peter Janney, qui connaissait Mary Meyer, dont un des fils, disparu, fut son ami d'enfance. Son livre, Mary's Mosaïc (Skyhorse Publishing), trop ignoré ou méconnu, est une mine d'informations et un modèle d'investigation journalistique. Qu'il en soit remercié. J. L.

Un « casting » des principaux protagonistes de notre histoire se trouve en fin d'ouvrage.

Comme presque tous les jours, Mary Meyer a passé la matinée au milieu de ses toiles, ses pinceaux, ses palettes de peinture, dans le garage aménagé en studio d'artiste au fond du jardin derrière la maison de sa sœur, Tony, au 3321 N Street à Washington DC. Nous sommes au cœur du vieux quartier de Georgetown, ses pavés du XVIIIe et du XIXe siècles, ses élégantes maisons de petites briques rouges où demeurent, au milieu de meubles et de tissus dénichés ou chinés chez les antiquaires et les décorateurs les plus chics, les « maîtres du monde » : collaborateurs de la Maison Blanche, patrons des services de renseignement, membres du Congrès, diplomates, éditorialistes et journalistes influents, futurs présidents.

John Kennedy habitait à quatre maisons du 3321, au 3307, quand il était Sénateur du Massachusetts ; c'est sur ce perron-là qu'il tint maintes conférences de presse entre son élection de novembre 1960 et son intronisation à la Maison Blanche, en janvier 1961. Bientôt légendaire manitou du Washington Post, son voisin Ben Bradlee, époux de Tony, beau-frère de Mary, était le meilleur ami du Président assassiné onze mois plus tôt.

À ce moment de notre histoire, le 12 octobre 1964, Mary, elle, vit seule au 1523 de la 34e rue, une maison peinte en bleu, confortable mais plus modeste que la plupart des logis du voisinage, à moins de cinq minutes à pied de son studio d'artiste. Seule ? Pas tout à fait. Souvent, il y a son chat, Mommacat, un chat de gouttière, volage, qui revient toujours à la maison pour accoucher de ses nombreux petits. Mary les donne à ses voisins, à ses amis, ou aux passants qui s'arrêtent devant le panneau du jardin annonçant qu'il y a là des chatons à recueillir.

Mary a 43 ans ; elle aura 44 ans dans deux jours. Mais tous ses amis disent qu'elle « fait » dix ans de moins. Elle a les cheveux blonds et courts, les yeux bleus, les lèvres sensuelles, la belle allure d'une femme qui prend soin de ses 57 kilos (pour 1,68 mètre). Presque une allure de femme-enfant au regard doté du charme infini, infiniment séduisant, de la mélancolie derrière le masque de la décontraction, de l'assurance apprise dès son enfance et son adolescence new-yorkaises auprès de parents à la fois grands bourgeois et intellectuels progressistes passionnés, fascinés par le pouvoir sous toutes ses formes.

Elle est née en 1920, l'année où l'on donne le droit de vote aux femmes. Elle fait donc partie de cette génération qui, si elle reste souvent prisonnière de rôles traditionnels assignés par les hommes de pouvoir chargés de préserver et développer l'American way of life, aspire déjà à la transgression des codes, en tout cas à une certaine indépendance, renforcée par les développements de la contraception et la révolution des mœurs qui s'amorce.

En ce lundi 12 octobre 1964, Mary jouit pleinement de son indépendance. Mère divorcée, ses deux garçons repartis dans leur pensionnat du New Hampshire pour l'un, du Connecticut pour l'autre, Mary a peint toute la matinée. Cela fait quelques années qu'elle essaie d'assouvir cette vieille passion attisée par un de ses anciens amants, artiste, et par ses rêves d'harmonie universelle dans lesquels le feu, le vent, la mer, la terre se mélangent dans des teintes pastel qui font écho à la couleur de son regard.

Il est bientôt midi. Le temps est beau comme il peut l'être à Washington quand l'été a été chaud, souvent étouffant, et que la fraîcheur du vent annonce les promesses, les douceurs de l'automne. Mary vient de finir une toile avec des bleus et des gris, étalée à même le sol. Elle la fixe sur un châssis, la dresse sur un chevalet, la contemple, installe un ventilateur pour qu'elle sèche. Autour d'elle, sur les étagères, il y a de la peinture et des pinceaux, des boîtes à musique, des bibelots ramassés ici ou là, des feuilles et des fleurs séchées. Son chat.

Comme souvent à la mi-journée, Mary part se promener, marcher et trottiner le long de l'ancien chemin de halage qui longe le Chesapeake and Ohio Canal, au bord du Potomac, à quelques centaines de mètres de sa maison et de son studio. Elle porte un pull gris sous un chandail angora bleu. Des lunettes de soleil. Des gants de cuir léger, un pantalon que l'on dirait aujourd'hui de « jogging », des tennis tout tachés de peinture.

C'est une journée comme la plupart des journées de Mary en ces temps de solitude vaguement nostalgique pour une femme qui a, jusque-là, pleinement goûté aux charmes et aux jeux de l'amour, du hasard, du pouvoir, dans la ville où règnent les hommes les plus puissants du monde. Sans trop s'égarer, jusque-là, dans leurs pièges.

Une journée banale ? Non. Les journées banales n'existent pas quand on a perdu un enfant de 9 ans quelques années plus tôt, percuté par un automobiliste effaré et impuissant alors que le garçonnet traversait imprudemment une route de Virginie en 1956. L'ordinaire n'existe pas quand on a été l'épouse d'un des patrons des opérations clandestines de la CIA, qu'on a partagé ses secrets, ses blessures, ses névroses. L'extraordinaire est de règle quand on a été aussi la maîtresse – la plus aimée, la plus aimante, la plus écoutée – du Président John Fitzgerald Kennedy.

À quoi pense-t-elle en partant pour sa promenade ? À Kennedy, bien sûr, ou plutôt au rapport d'enquête de la Commission Warren sur l'assassinat de Dallas rendu public dix jours plus tôt, le 27 septembre. Elle l'a lu avec rage, annotant quasiment toutes les pages, pliant le coin supérieur de chacune de celles qui laissent tant de questions sans réponses. Le rapport conclut à la culpabilité du seul et unique Lee Harvey Oswald, ancien Marine vaguement instable, ancien transfuge en Union Soviétique – vite repenti et retourné en Amérique – dont les sept membres de la commission ne savent trop s'il a massacré JFK parce qu'il le trouvait trop dur vis-à-vis de l'Union Soviétique en particulier, du communisme en général, ou parce qu'il était jaloux de sa beauté, de son intelligence, de son pouvoir alors que lui, Oswald, avait raté sa vie. Le verbatim des conclusions de la Commission quant aux mobiles de l'assassin est en tout cas plutôt vague. Elles privilégient « son engagement en faveur du Marxisme et du Communisme », « sa haine de la société américaine » et « sa quête d'un destin de grand homme qui serait en avance sur les diagnostics de son temps ». Elles donnent surtout l'impression d'une impuissance à identifier la source d'une « pulsion soudaine et irréfléchie » de meurtre.

Mary, qui a baigné toute sa vie adulte dans les rouages, les coulisses, l'amitié, les trahisons des bâtisseurs de Houses of Cards et de leurs complots, ne croit guère à ces conclusions. Elle sent que la vérité de cet univers-là est retorse. Elle sait, parce qu'elle les fréquente tous les jours dans les salons et les chambres à coucher de Georgetown, là où les craquements des vieux parquets et les secrets que l'on partage sont assourdis par les beaux tapis venus d'Extrême ou du Moyen Orient et les majestueuses tentures qui entourent les fenêtres, là où se consument et se consomment en abondance cigares, bourbon, romances, Mary sait qu'en ces temps de « guerre froide » certains de ces hommes-là rêvent depuis longtemps de supprimer le qualificatif météorologique de l'expression en vogue pour décrire les rapports entre la grande Amérique et l'Empire du Mal. « Contrairement à ce que pense Kennedy, la détente est une farce, un faux-semblant, disent-ils, le village Potemkine bâti par les Soviétiques pour nous abuser, pour gagner la guerre ».

Longtemps mariée à l'un d'eux, elle sait de quoi « ces hommes-là » sont capables. Elle le sait, et elle ne manque jamais de le proclamer, depuis longtemps, provoquant colères et rancœurs mortelles qui peuvent finir par coûter cher au cœur de cet univers sans morale ni scrupules.

Depuis presque un an, elle les soupçonne d'avoir tué JFK. Et ne s'en cache pas.

Elle sait, parce que certains de leurs amis communs le lui ont rapporté, que Robert Kennedy, ministre de la Justice qui vient de démissionner le 3 septembre, n'a cessé de pester contre les méthodes de travail et les idées préconçues de la plupart des membres de la Commission Warren ; elle sait que, quelques jours à peine après l'assassinat de son grand frère, Bobby a convoqué le Directeur de la CIA parce qu'il se demande si l'agence n'est pas impliquée dans le meurtre ; elle sait que RFK, sur la base des analyses les plus pointues du fameux film d'Adam Zapruder – un badaud qui ne savait pas qu'il filmerait l'Histoire en direct – est convaincu qu'il y avait au moins deux tireurs à Dallas. Et qu'il le dit, dans les réunions avec ses proches collaborateurs comme dans les salons de Georgetown ou de Hickory Hill, au bord de la Virginie voisine.

Elle sait que certains de « ces hommes-là », dans l'ombre et dans l'impunité que leur confèrent leurs postes aux plus hauts niveaux de leurs « Agences » clandestines chargées de la « Sécurité » des États-Unis, certains de « ces hommes-là », donc, n'aimaient pas Kennedy : trop pacifiste, trop tenté par un monde où l'on ferait, par idéalisme impuissant, la part trop belle à l'ennemi soviétique et aux bouillonnements nationalistes du tiers-monde.

Elle sait enfin que « ces hommes-là » sont capables de tout. Elle a même entendu l'un d'eux – était-ce son ancien mari ? – affirmer un jour que « nous, les puissants, nous pouvons tout nous permettre, affirmer en cas de besoin qu'il faisait beau hier, alors qu'il pleuvait. Et être crus ».

Mary est persuadée que la commission Warren a appliqué ce précepte d'un Machiavel qui serait chef de guerre. Intime conviction, qu'elle partage avec ses amis intimes, Cicely, l'épouse de James Jesus Angleton, chef du contre-espionnage de la CIA, longtemps bras droit et gauche d'Allen Dulles, l'ancien grand patron impitoyable et sans scrupule de l'agence de renseignements américaine, viré par JFK le 29 novembre 1961 (et grand manitou, « mâle dominant », parmi les membres de la commission Warren).

Elle a même téléphoné à son ancien mari, Cord Meyer, lui aussi proche complice de Dulles et d'Angleton, lui aussi homme-clé de quelques opérations troubles de la CIA. Mariés en 1945, Cord et Mary ont eu trois enfants, dont Michael, mort accidentellement sur une route de Virginie en 1956. La tragédie n'a pas simplifié leurs rapports, déjà compliqués par leurs caractères entiers, les activités souvent énigmatiques de Cord, et les multiples atteintes de l'une et – surtout – de l'autre aux codes de la normalité conjugale. Ils ont divorcé en 1958, et n'entretiennent plus de très bons rapports même s'ils continuent à se voir régulièrement. Pour les enfants.

Le coup de téléphone a été orageux. Mary, indignée, a fait part à l'homme de l'ombre de ses doutes sur les conclusions de la Commission présidée par le patron des juges de la Cour Suprême. Cord, qui n'ignore rien de l'ancienne liaison de son ex-femme avec JFK, a balayé de ses grommellements moqueurs et méchants les soupçons de Mary. Comme les autres à qui Mary se confie, il lui dit qu'elle délire, aveuglée par l'émotion et les tendres souvenirs de sa romance avec le beau Président.

C'est à cela qu'elle pense, ce 12 octobre 1964 à la mi-journée, lorsqu'elle sort de son studio de N Street, parcourt les quelques mètres qui la séparent de la 34e rue, tourne à gauche pour descendre la pente raide qui mène vers le canal et le Potomac. Pense-t-elle aussi à ce qu'elle n'a confié qu'à une de ses amies, il y a quelques semaines, quand elle avait eu l'impression que quelqu'un avait fouillé son appartement en son absence ? Ses enfants, peut-être, s'était-elle dit pour se rassurer. Sauf qu'un autre jour récent, la femme de ménage avait trouvé béante une lourde porte de bois du sous-sol qu'on ne pouvait ouvrir sans aide ; et ouverte, aussi, un autre matin, la porte de derrière qui donnait dans le jardin alors qu'elle et ses deux fils dormaient toujours. Un oubli de la veille au soir, sûrement. Pourtant elle avait aussi confié qu'elle avait cru voir, de loin, en revenant chez elle, une silhouette sortir précipitamment. Une illusion d'optique, probablement, à cause de la lumière tamisée du crépuscule.

Elle traverse M Street, la rue principale de Georgetown, puis le petit pont qui enjambe le canal creusé en 1828 pour convoyer vers la capitale les marchandises venant de l'Ouest et désaffecté en 1924, vaincu par le chemin de fer. Parallèle au Potomac, l'étroite voie d'eau devient alors un lieu de promenade où passent quelques amoureux, promeneurs, coureurs à pied.

Et aussi, ce 12 octobre 1964, au tout début d'une après-midi ensoleillée, un assassin.

Car dans quelques minutes, Mary va mourir.

Elle a tourné à droite, vers l'Ouest, dans la direction de la Fletcher Boat House qui, quelques centaines de mètres après le Key Bridge, abrite un club d'aviron sur le fleuve. C'est là que, d'ordinaire, Mary fait demi-tour pour retourner à son studio chez Ben et Tony Bradlee, ou à sa maison.

Elle n'y arrivera jamais. Quelqu'un a surgi derrière elle. Les expertises des policiers feront dire à ceux-ci que l'assassin l'a immobilisée, enserrant ses deux bras le long du corps de la jeune femme. Sur Canal Road, la route dominant le canal, à cinquante mètres du lieu du crime, Henry Wiggins, un mécanicien en train de réparer une voiture en panne l'a entendue crier : « Help me! Someone help me! » Puis, avant qu'il puisse se précipiter vers le petit mur en surplomb du canal pour voir ce qui se passe de l'autre côté de la voie d'eau, pour voir ce qu'il peut faire alors que le premier pont d'accès à la rive opposée du canal est trop loin, Wiggins a entendu deux coups de feu. Le premier, dans la tempe, juste au-dessus de l'oreille gauche, ne tue pas Mary. Elle s'écroule mais réussit à ramper quelques mètres sur le sol bientôt maculé de son sang. Le deuxième coup de feu, dans le dos, transperce son poumon droit et déchiquette l'aorte.

Mary Meyer est morte, assassinée.

La police l'identifiera quelques heures plus tard grâce à une étiquette portant son nom de famille, cousue à l'intérieur d'un de ses gants. Procédant par élimination, cherchant toutes les familles Meyer habitant Washington, un policier alla sonner au 1523 de la 34e rue nord-ouest du quartier de Georgetown. Personne. Quand les voisins lui décrivirent Mary et lui donnèrent l'adresse de sa sœur Tony, à quelques « blocks » de là, le policier se dit qu'il touchait au but. Un peu après 18 heures, à la morgue, Ben Bradlee confirmera que le corps de cette belle femme était bien celui de sa belle-sœur.

Grâce, en grande partie, à Henry Wiggins, l'assassin présumé, lui, est déjà entre les mains de la police. Le mécanicien de Canal Road, 24 ans, ancien de la police militaire de l'US Army en Corée, n'est pas un néophyte en matière de situations violentes et dangereuses. Accroupi derrière le petit mur qui le séparait de la scène du crime cinquante mètres en contrebas, il s'était redressé prudemment pour jeter un coup d'œil. Les portables n'existent pas à l'époque. Alors il s'est précipité vers son camion, a démarré en trombe pour rejoindre sa station-service Esso, à quelques centaines de mètres, et appelé la police. Il est 12 h 26. Les détectives, en uniforme ou en civil, affluent sur les lieux. La chasse au meurtrier commence.

Wiggins dira à la police que, quand il s'est redressé pour voir au-dessus du mur ce qui s'était passé, il avait vu le corps d'une femme allongée sur le côté, recroquevillée comme si elle dormait. « Même avec une balle qui lui avait traversé la tête, elle était belle », philosophera un policier. À cette exception près qu'elle baignait dans son sang. Debout à côté de Mary, racontera Higgins de ce qu'il avait vu quelques secondes après le meurtre, il y avait un homme d'au moins 40 ans, dira-t-il, un Noir d'environ 1,75 mètre et 80 kilos qui portait une casquette de golf à carreaux foncée, un blouson beige, un pantalon et des chaussures noirs. Il m'a vu, continuera le mécanicien, m'a regardé quelques secondes, a enfoui dans une des poches de son blouson un objet que je n'ai pu identifier mais dont je me suis dit que c'était une arme. Il s'est retourné et il est reparti tranquillement, en marchant, pour s'engouffrer dans le bosquet d'arbres sur le talus entre le canal et le Potomac.

Drôle d'attitude, calme et froide, professionnelle, pour un assassin dont les policiers se disent pourtant spontanément qu'il s'agit d'un rôdeur, d'un guetteur de hasards à la recherche de sensations fortes. Drôle de crime, en milieu de journée, dans un lieu qui n'est pas désert et qui, surtout à cette heure-là, avec ce soleil-là, avec cette végétation de peupliers de Virginie qui n'est épaisse que dans quelques massifs de ronces et d'épines, ne peut être favorable aux prédateurs sexuels. En outre, Mary n'avait rien de valeur sur elle : ni bijoux, ni sac, ni portefeuille, que l'on retrouvera dans sa maison de la 34e rue.

Tous les policiers en patrouille, à pied ou en voiture dans le quartier, ceux de la Division des Investigations Criminelles du commissariat local sont mobilisés. Ils interrogent un couple de promeneurs, qui n'ont rien vu, rien entendu. Ils bloquent aussi vite que possible les accès et sorties qui desservent le chemin de halage. Mais du temps a passé, une demi-heure au moins, depuis le meurtre. Largement le temps de fuir sans se faire repérer.

Au bout de quelques minutes, pourtant, un des policiers qui fouillent les abords du canal tombe sur un type bizarre. Ses habits sont trempés : un sweat jaune sur un tee-shirt blanc, un pantalon de velours bleu marine, des chaussures noires à bouts pointus.

— Comment vous appelez-vous ? demande le détective Warner.

— Ray Crump Jr.

— Avez-vous entendu des coups de feu il y a quelques minutes ?

— Non. Pourquoi ?

— Vos papiers.

L'homme, un Noir, grelotte quand il tend son portefeuille dégoulinant à Warner. Il apparaît défait. Sa braguette est à moitié ouverte. Son haleine sent l'alcool. Le permis de conduire confirme qu'il s'appelle bien Ray Crump Jr, qu'il a 25 ans, qu'il mesure 1,60 mètre et pèse 59 kilos.

— Pourquoi êtes-vous si trempé ?

— Je pêchais à la ligne assis sur les rochers, un peu en amont du fleuve. Je me suis endormi et je suis tombé dans l'eau.

— Où est votre canne à pêche ?

— Partie dans la rivière.

— C'est quoi, cette écorchure sur votre main ? Et cette déchirure sous la poche gauche de votre pantalon ?

— Oh, rien. Je me suis fait cela en sortant de l'eau, en remontant sur le rocher.

Wiggins, le mécanicien, est non loin de là, avec le détective Bernie Crooke. Les deux hommes s'approchent.

— Oui, oui, il ressemble bien à celui que j'ai vu près de la victime, assure Wiggins, même s'il lui avait donné quinze centimètres, 20 kilos, et une vingtaine d'années de plus lors de son premier signalement.

En ce temps-là, Washington est encore une ville où les symboles marmoréens et majestueux du pouvoir, blancs comme ceux qui les occupent, ne sont guère éloignés de quartiers où sont rejetés les Noirs, que même les nouvelles lois sur les droits civiques n'ont pas sortis d'une fétide odeur de mépris, voire d'apartheid. Crump appartient à ce monde-là. Il vit dans le quartier d'Anacostia, avec Helena et leurs cinq enfants. Ouvrier non qualifié, il travaille occasionnellement sur des chantiers, transportant des sacs de ciment dans des brouettes instables qui lui paraissent d'autant plus lourdes qu'il n'a pas vraiment la carrure ni la force d'un joueur de football américain. Ce 12 octobre, fatigué, déprimé, comme souvent au petit matin, il se dispute avec sa femme. Lui annonce qu'il ne va pas aller travailler. Pourtant, il lui dit qu'il sort.

— Pour aller à la pêche ? demandera la police à Helena.

— Non, pas du tout, répondra la jeune femme, qui mènera les enquêteurs à un placard dans lequel se trouvent la canne et tout l'équipement de Crump, qui n'a donc pas disparu dans les flots du Potomac comme le jeune homme l'avait affirmé.

Facteur aggravant pour Crump : on retrouvera bientôt dans la rivière un blouson clair et une casquette ressemblant à ceux décrits par Wiggins et dont Helena reconnaîtra que Ray avait les mêmes. En plus, Wiggins lui-même est afro-américain. Son témoignage contre son « frère de couleur » ne peut donc être écarté parce qu'il serait partial ou raciste.

Le lendemain du crime, un autre témoin se présente volontairement à la police. Il s'appelle William L. Mitchell, se dit lieutenant dans l'infanterie, basé au Pentagone, et habitué – dit-il – à courir le long du canal, là où Mary a été tuée. Il dit qu'en lisant un article sur le meurtre, il s'est rappelé avoir croisé une femme dont la description correspond à Mary. Elle était suivie de près par un Noir dont la description correspond à Crump.

Voilà donc une préenquête vite bouclée. Ray Crump Jr est inculpé pour meurtre, malgré ses dénégations farouches. Qui ne prouvent évidemment pas son innocence. Mais malgré des jours et des jours de recherche dans le canal, dans le fleuve, dans leurs abords, on ne retrouvera jamais le calibre 38 qui a tué Mary et dont Crump n'aurait pas eu le temps de se débarrasser ailleurs que sur les lieux du crime.

Quant aux conclusions et observations des analyses effectuées par le laboratoire du FBI sur les pièces à conviction en possession des enquêteurs, elles sont formelles : aucune trace de poudre ou de contact avec une arme à feu ni sur les mains de Crump, ni dans les poches de son blouson ; aucun signe, ni physiologique, ni physique, d'une tentative d'agression sexuelle de la part de Crump contre Mary Meyer ; aucune fibre textile des vêtements portés par la victime sur ceux que portait l'assassin présumé ; pas la moindre trace de cheveux afro-américains sur les vêtements de la cible présumée du prévenu ni de cheveu « caucasien » sur les vêtements de l'homme censé l'avoir agressée en enserrant son corps ; aucune trace de sang sur le sweat-shirt ou le tee-shirt de Crump, alors que le premier coup de feu a été tiré à bout quasiment touchant dans la tête de Mary. Le rapport du FBI est bouclé le 16 octobre 1964, quatre jours après le meurtre. Mais ces informations n'apparaîtront que quelques mois plus tard, en mars 1965, quand Dovey Roundtree, militante activiste pour les droits civiques, avocate bénévole et infatigable de l'accusé, contactée par le pasteur de l'église que fréquentait – parfois – Crump, contraint l'accusation à fournir son dossier à la défense.

Le procès débute le 19 juillet 1965, neuf mois après le meurtre de Mary. Washington étouffe de chaleur. Mais la salle du tribunal, au 4e étage de l'US District Court Building, est l'une des rares à être dotée de l'air conditionné. Le jury populaire est mixte : huit Noirs, quatre Blancs ; sept femmes. Le public est nombreux, même si l'on ne sait pas encore trop qui était vraiment Mary Meyer. Juste qu'elle avait été l'épouse d'un ponte de la CIA, la belle-sœur d'un journaliste important, une personnalité appréciée du petit cercle élitiste de Georgetown, peintre déterminée à ses heures mais pas vraiment connue. Rien de plus. Mais le procès d'un Noir inculpé pour une tentative présumée d'agression sexuelle et l'assassinat d'une jolie blonde au cœur de la capitale fédérale titille toujours des instincts plus ou moins clairs. Certes, la promulgation par Lyndon Johnson du Civil Rights Act bannissant toute discrimination dans les bâtiments publics, l'emploi, la justice, les écoles, l'administration, date déjà d'un an. Mais l'Amérique est plus que jamais en proie aux tourments des manifestations de la communauté noire face à la résistance de certains milieux blancs contre la fin annoncée de toutes les formes de ségrégation. (C'est un mois plus tard que le cri de Martin Luther King, « I have a dream », embrasera des millions de partisans au pied de la Maison Blanche et du Congrès et dans toute l'Amérique.)

Voilà le contexte dans lequel s'engage le procès : une tentative de viol de la part d'un jeune Noir contre une belle femme blanche. Celle-ci se débat. Il la tue, invente cette histoire grotesque de pêche à la ligne qui aurait mal tourné alors qu'il tentait de s'enfuir à la nage par le Potomac. Selon son avocate, Dovey Roundtree, qui le racontera plus tard, Crump expliquera qu'il était en réalité allé sur les bords du fleuve batifoler avec sa maîtresse, la femme d'un de ses voisins. Le couple avait mangé, bu – whisky et bière –, flirté avec intensité au bord du fleuve. Ivre, le jeune accusé s'était alors endormi. Quand son glissement dans l'eau l'avait réveillé, la femme était partie.

L'avocate Roundtree retrouva la donzelle, Vivian, qui corrobora le récit de l'assassin supposé de Mary et qui, informée que son amant risquait la peine de mort, accepta de signer un papier relatant l'affaire. Tout en suppliant l'activiste noire de ne l'utiliser qu'en ultime recours. Car son mari était violent, et menaçait souvent de la tuer si jamais elle le trompait.

Roundtree n'aura pas besoin d'appeler Vivian à la rescousse. Car les vingt-sept témoins appelés par l'accusation – le mécanicien Wiggins, le joggeur du Pentagone Mitchell, les policiers et enquêteurs qui se sont emparés de l'affaire – ne convaincront pas le jury.

La défense a beau jeu d'utiliser le rapport scientifique du FBI, la différence entre la carrure de Crump et la description par Wiggins de l'homme penché sur le corps de Mary. « Mon client n'est qu'un bouc émissaire, coupable trop commode parce qu'il est Noir et pauvre », s'insurge Dovey Roundtree. Et de souligner la mauvaise qualité du travail des policiers dont il est établi qu'ils n'ont pas fermé tous les accès au chemin du canal aussi vite qu'ils l'ont dit et qu'ils n'ont pas interrogé tous les passants à l'entour à l'heure du meurtre, pas trouvé l'arme du crime ni d'indices de la moindre agression sexuelle contre Mary...

Les doutes, énormes, profitent à l'accusé. Le 30 juillet, Ray Crump Jr est acquitté de l'assassinat de Mary Meyer. Dans la salle du tribunal, Martha, sa mère, qui n'a pas manqué une minute des débats, crie Hallellujah. Les compagnes et compagnons de sa congrégation religieuse entonnent des hymnes de joie.

Mais si Crump n'est pas coupable, qui a tué Mary Meyer ? Un des plus fascinants mystères de l'histoire contemporaine de l'Amérique, commence.

* * *

Toute petite, elle était déjà jolie, Mary. Elle s'appelait Pinchot, et parlait français à la maison. Sa mère était « Maman », et sa nurse « Mademoiselle ». Car l'ancêtre était un Français, Cyrille Désiré Constantin Pinchot, né en 1797, capitaine audacieux de l'armée française dont la légende familiale raconte qu'il fut impliqué dans une tentative hardie d'aller libérer Napoléon à Sainte-Hélène. Déjà, le goût des opérations courageuses et tordues dans la famille. Lassé de la France et de ses soubresauts, Pinchot émigre bientôt aux États-Unis avec père et mère. Ils ouvrent un petit « magasin général » – épicerie, quincaillerie, bric-à-brac – à New York. Quand ils ont un peu d'argent, ils achètent 160 hectares à Milford, un village perdu de Pennsylvanie où l'esprit d'entreprise et l'entregent de Cyrille Pinchot font merveille : les habitants de la bourgade le nomment collecteur de leurs impôts.

Son second fils, James, est encore plus fort. Il retourne à New York vers 1850, y développe un business prospère de papier à tapisser dans une ville où les immeubles et les logements poussent comme les érables à sucre dans les forêts du Canada. Il excelle dans la spéculation immobilière. Et puis, ce n'est pas un détail, James épouse Mary Jane Eno, la fille d'un riche propriétaire immobilier de New York qui construira le premier hôtel jamais bâti sur la 5e Avenue. À 44 ans, fortune faite, James se convertit à la philanthropie, à la défense de la nature et des forêts dans un pays encore en friche mais en voie d'un extraordinaire développement. En 1885, il retourne à Milford pour y faire construire une sorte de réplique d'un château à la française avec trois tours et des quartiers pour les domestiques. Une espèce de Downton Abbey qui s'appelle Grey Towers, au milieu d'un gigantesque parc naturel. James voyage, a trois enfants, dont l'un – Amos, le futur père de Mary – naît à Paris. Riche, mais doté d'une certaine conscience sociale et environnementale, il offre un bâtiment à la ville de Milford, qui en fait bientôt la « School of Forestry », l'école délocalisée des eaux et forêts de l'université de Yale, sise dans le proche État du Connecticut. Gifford, l'aîné des enfants, hérite de la passion du père pour la défense de l'environnement et des causes justes. Études de botanique à Yale, puis à l'École Forestière de Nancy. C'est lui qui « dessinera » la forêt de Biltmore dans la propriété du milliardaire George Vanderbilt, en Caroline du Nord. Il écrit des livres, devient l'ami et le conseiller de Teddy Roosevelt, « écolo en chef », Président républicain et baroudeur de 1901 à 1908 qui fera de Gifford le premier patron de l'US Forest Service. Gifford Pinchot, futur oncle de Mary, sera renvoyé de l'Administration en 1910 quand il accusera le Secrétaire à l'Intérieur du Président Taft, successeur de Roosevelt, de manœuvrer pour s'approprier, en son nom personnel, les mines de charbon de l'Alaska.

Amos, le petit frère, né à Paris en 1873, futur père de Mary, admire cet aîné bagarreur. Lui a étudié le droit, à Yale, où il est, comme son frère avant lui, membre de la très secrète et puissante société des « Skulls and Bones » (d'où seront issus la plupart des grands chefs à plumes des premières générations d'agents de la CIA). Avocat à New York, compagnon de lutte de son aîné Gifford contre l'administration Taft, il participe à la campagne contre ce dernier quand il se présente pour un second mandat à la Maison-Blanche, en 1912. Avec Roosevelt – Teddy, toujours – comme porte-drapeau, et Robert La Follette, Sénateur du Wisconsin qui milite pour la nationalisation des grands monopoles et des services publics, ils créent un troisième parti, le « Progressive Party » qui recueille suffisamment de voix pour empêcher Taft de gagner et assurer au Démocrate Woodrow Wilson l'accès à la Maison Blanche. Gifford sera élu Gouverneur de Pennsylvanie en 1922 et reconduit en 1930 sur un programme de développement des travaux publics qui, en pleine crise, assurera des emplois à une époque où il n'y en a plus guère.

Amos Pinchot est moins habile que son aîné en politique. Mais il est peut-être plus flamboyant. C'est un avocat de belle prestance, toujours élégant, mais peu actif dans les cours de justice. Il préfère les courts de tennis, ou s'engager dans l'armée américaine pour faire la guerre contre l'Espagne à propos de Cuba. Il en revient blessé à la hanche après une chute de cheval dans un combat à Porto Rico. À New York, il écrit pour le New York Times des tribunes enflammées dans lesquelles il fustige « le grand capital » ; il se présente pour se faire élire au Congrès comme Représentant de la 18e circonscription de New York. Mais ses harangues effrénées dans les rues de Manhattan effraient les électeurs et même ses compagnons du « Progressive Party », qui lui demandent de s'effacer. Loin de se calmer, Amos Pinchot milite contre la participation – « au seul nom du grand capitalisme », dit-il – des soldats américains à la Première Guerre mondiale. Il rachète et finance un magazine d'extrême gauche au bord de la faillite, « Masses », dans lequel écrivent Max Eastman – agent et ami de Trotsky – et John Reed, chantre activiste de la révolution russe, l'auteur fameux des « Dix jours qui ébranlèrent le Monde ». Il divorce de sa première femme en 1919 pour épouser Ruth Pickering, de treize ans sa cadette, journaliste de gauche, comme lui, puis critique d'art et de danse, une blonde piquante et indépendante mais consciente – et reconnaissante – des charmes et des avantages de l'appartenance aux classes les plus aisées. C'est Ruth qui donne naissance à Mary, future Mary Meyer, le 14 octobre 1920. Antoinette – « Tony » – future épouse de Ben Bradlee, viendra au monde quatre ans plus tard.

C'est dans cet univers, mélange de luxe à la Gatsby et d'intellectualisations gauchisantes, que grandissent les fillettes. Depuis l'appartement luxueux de Park Avenue, on défend avec fougue Sacco et Vanzetti, ces deux « anarchistes » d'origine italienne condamnés à mort et exécutés en 1927 à Boston pour un hold-up avec mort d'homme qu'ils n'ont pas commis. Le week-end ou l'été venus, on rejoint Grey Towers, en Pennsylvanie, à 1 h 30 de Manhattan en train ou en voiture. La piscine y est spacieuse. Le fond des pièces d'eau est tapissé de corail ; l'été, on dîne au bord de l'une d'elles : les plats flottent sur des plateaux en balsa gentiment poussés d'un convive à l'autre. Petites, Mary et sa sœur se font gronder parce qu'elles poussent les plateaux un peu fort, en riant, provoquant des vaguelettes qui empêchent les invités, hilares et excentriques, de se servir selon leur bon plaisir. Les domestiques portent l'uniforme. Fruits et légumes proviennent évidemment du verger, certains du petit potager personnel de Mary et Tony dans le parc. Le dimanche, on mange souvent du faisan, et même des langues de faisan – « plat de choix à la cour d'Angleterre », rappelle parfois Cornelia Pinchot, épouse du Gouverneur Gifford, tante de Mary et de Tony. Les volatiles sont élevés en captivité sur les terres de la propriété pour qu'ils restent sédentaires : s'ils couraient trop dans tous les sens, ils développeraient une musculature trop ferme qui nuirait à la délicatesse attendue de leur chair. Les poneys des enfants, eux, gambadent dans la prairie près des courts de tennis (des courts en gazon, naturellement). Les chiens aboient quand ils sentent que des chevreuils ou des lynx arpentent les bois du domaine, que des aigles ou des balbuzards volent au-dessus de leurs têtes.

Mary grandit dans cette atmosphère de riche insouciance, d'aisance sociétale qui n'exclut pas un certain anticonformisme moderne, forcément moderne. À Grey Towers, les femmes bronzent ou se baignent nues, sans se dérober aux regards souvent ravis d'invités parfois surpris. On est certes chez le Gouverneur de l'État, mais même pendant la Prohibition, on sert discrètement du vin, du gin, du whisky, du bourbon.

Mary adore son père, avec lequel elle piège des papillons par dizaines en les attirant avec de l'eau sucrée. Ensuite, ils les tuent avec de l'éther et les punaisent sur des tableaux. Elle est aussi fascinée par sa tante, Cornelia, qui lui raconte son passé de suffragette déchaînée, lui parle du pouvoir naissant des femmes, lui fait lire des livres. Car il y en a partout chez les Pinchot, et de bons auteurs : Euripide, Sophocle, Shakespeare, Milton, Henry James, Ibsen…

En 1929, crise oblige, les temps deviennent durs, même pour les riches. Les revenus immobiliers de la famille diminuent, et Amos se consacre surtout à des « causes justes », qui ne rapportent guère plus que des ennuis auprès de la bonne société à laquelle ils appartiennent. Amos, Ruth, et les filles doivent déménager dans un appartement plus petit. Mais toujours sur Park Avenue. « Et les meubles que nous avons achetés lors de notre voyage à Cannes le rendent très agréable à vivre », écrit Amos à sa sœur.

Mais le père de Mary et Tony vieillit mal. Ses combats de minoritaire en perpétuelle colère l'aigrissent. Il se met à boire plus que de raison. Son gauchisme pacifiste devient populisme de droite. Il soutiendra d'abord le New Deal de Roosevelt – Franklin – mais il juge vite que le Président accapare trop de pouvoirs pour l'État. Au milieu des années trente, le père de Mary se rapproche du détestable Charles Coughlin, un prêtre catholique d'origine canadienne, anticapitaliste et antimarxiste, catholique d'extrême droite dont les prêches radiophoniques et xénophobes font un triomphe. Il fustige « le gouvernement des banquiers par les banquiers, pour les banquiers », soutient bientôt Mussolini, et puis Hitler quand ce dernier accède au pouvoir.

Mary a 12 ans. Elle fréquente un prestigieux établissement privé pour filles de l'Upper East Side de Manhattan. Fondée en 1882, la Brearley School est une école pour les familles de grands bourgeois new-yorkais et Wasps, mais elle accueille aussi – le mélange n'est pas si fréquent à l'époque – les filles de familles juives souvent maltraitées ailleurs. Le chemisier blanc et la jupe bleu marine sont de rigueur ; on y étudie très classiquement le Grec et le Latin, la musique, l'art et l'art dramatique. Mais l'objectif revendiqué de l'école est innovateur, moderne : « préparer les élèves à une profession, car les femmes ne veulent plus dépendre des hommes ». La discipline n'y est donc pas trop stricte. À l'heure du déjeuner, les filles fréquentent la « soda shop » au coin de la rue, où l'on vend aussi des sandwichs. Les cigarettes circulent si librement que la directrice finit par réserver une pièce entière aux élèves de dernière année pour qu'elles puissent se laisser aller aisément à leur « vice ».

Mary se distingue vite à Brearley. Elle brille dans les salles de classe. Sur les terrains de basket ou les courts de tennis, la grâce de son corps agile attire déjà les regards. Et ni les écarts, ni les outrances de son père ne lui nuisent. Elle paraît plus intelligente, plus en forme, plus à l'aise que les autres filles, et devient si populaire auprès d'elles qu'elles l'éliront Miss Brearley en 1938. Mary s'éloignera peu à peu de ses papillons, de ses tomates, de ses poneys, de Grey Towers. Le week-end, elle fréquente les « rallyes » des pensionnats de garçons du même acabit en Nouvelle-Angleterre, antichambres des grandes universités de l'Ivy League : Groton, Choate, Saint Paul's.

Un jour, son chevalier servant, William Atwood, futur ambassadeur des États-Unis à l'ONU, lui présente son meilleur ami : un adolescent de Boston, maigrelet et drôle, nommé John Kennedy. Bien entendu, les week-ends restent chastes. Les garçons vont dormir dans les gymnases, laissant leurs dortoirs aux filles avec, quand même, glissés sous leurs oreillers, des mots doux parfumés aux grandes espérances.

Mary s'épanouit dans cet univers. Elle se met à fréquenter les repaires recherchés et confidentiels des Hamptons, sur Long Island, plus proches de Manhattan, plus adultes, plus vivants, que les écoles de garçons du Connecticut ou du Massachusetts. Elle adore aussi les Bals de « Débutantes » au Waldorf Astoria, au Ritz Carlton, même s'il lui arrive de confier à ses amies qu'elle les trouve parfois dérisoires en regard d'un air du temps qui s'assombrit : la crise économique, la guerre qui approche en Europe, Amos, son père, qu'elle a tant aimé, de plus en plus ivre, de moins en moins riche.

Mary a 18 ans. Diplômée de Brearley, elle est admise à l'université de Vassar, à Poughkeepsie, encore une institution de grand prestige au nord de New York. L'établissement est, à l'époque, encore réservé aux femmes. L'enseignement est de bonne qualité, assuré par des personnes bien nées pour des personnes bien nées. Modernes, les jeunes femmes y cherchent les diplômes et les réseaux pour devenir avocates, médecins, ou même, se lancer dans les affaires. Mais elles cherchent aussi, vaguement, un homme à épouser. Alors, les week-ends sont réservés aux beaux garçons de Yale, Harvard, Princeton, ou Columbia. « Ça flirtait beaucoup, mais nous restions toutes vierges », précisera une amie de Mary.

Celle-ci s'ennuie un peu à Vassar. Elle peint. Écrit une étrange nouvelle dans la Vassar Review à propos d'une jeune femme faisant une expérience de « synesthésie », phénomène neurologique de croisement des sens – par exemple, une couleur déclenche une perception sonore – résultant souvent de la consommation de drogue. Elle s'intéresse à la politique, participe à ces débats où l'on est pour ou contre Roosevelt et ses conseillers, « ces intellectuels marxistes de la classe la plus pestiférée et inutile qui ait jamais encombré ce triste monde », écrit Amos, de moins en moins de gauche, de plus en plus désespéré, dont la fortune continue de s'effriter. Le père de Mary se lamente de la réélection de FDR et reste farouchement opposé à l'engagement militaire américain, même après Pearl Harbor, le 7 décembre 1941. Bizarrement, ou pas, ses délires rapprochent le père et la fille. Mary s'occupe d'Amos, voyage avec lui, tente de le réconforter.

Mais pour elle et sa génération, la fête est finie. Quand elle décroche son diplôme de Vassar, à l'été 1942, une société insouciante s'est écroulée autour d'elle. Les beaux partis des universités de l'Ivy League sont déjà partis ou s'en vont à la guerre. Son père se tranche les veines des poignets. Se rate. Mais il ne quittera plus jamais l'hôpital.

Mary comprend alors que la vie est tragique. Ce qui n'entame en rien – au contraire, une fois qu'on a compris cela, on peut se mettre à vivre – son appétit, son énergie, ses élans.

La fortune des Pinchot s'est étiolée. Et même si Ruth, Mary et Tony disposent d'un trust, un de ces fonds d'épargne ouverts il y a longtemps auquel ils ont l'âge d'accéder, il leur faut trouver des ressources financières supplémentaires alors que leur mari et père s'éteint petit à petit. Ruth, l'épouse, devient directrice des relations publiques de la Young Women's Christian Association (YWCA). Elle loue aussi quelques pièces de l'appartement de Park Avenue – et la chambre de bonne – à d'anciennes camarades de Mary, à Vassar, qui se lancent dans la vie professionnelle à New York. Tony, la cadette, quatre ans de moins que Mary, fait quelques stages dans des magazines avant d'aller étudier elle aussi à Vassar.

Quant à Mary, elle renonce à la réponse convenue qu'elle apportait quand on lui demandait ce qu'elle allait faire plus tard : « médecin », peut-être, disait-elle sans conviction. Trop facile, trop commun pour Mary, « femme américaine » par excellence, « American Woman » dans toute la splendeur, les malheurs, l'énergie, les tragédies, de l'Amérique en guerre. Grâce à des amis d'amis, elle se voit offrir une chance de s'essayer à un job de chroniqueur à l'agence de presse United Press International (UPI). Elle va la saisir à pleines mains. Son rythme effréné quand elle tape à la machine la « column » sociétalo-mondaine qu'on va vite lui confier, ses rires francs mais vite retenus, son intelligence, sa beauté, éclairent la vie du bureau. Elle sort beaucoup ; flirte avec les milieux du cinéma, comme faisait sa demi-sœur aînée,

Rosamund, née du premier mariage de son père, future épouse trahie d'un producteur de Broadway qui se révèle homosexuel, starlette d'Hollywood sans grand talent dont, petite, Mary admirait les rêves et dont la mort accidentelle fut la première tragédie de sa vie.

Mary Pinchot virevolte et fait tourner les têtes chez Tim Costello, un pub irlandais au coin de la 43e rue et de Third Avenue, près du bureau de UPI. Mary y va souvent avec ses camarades. Les futurs « mad men » de Madison Avenue sont encore à la guerre. La plupart des clients masculins du pub sont donc trop vieux pour elle. Et Costello la chaperonne. Il préserve des mâles trop entreprenants la jeune femme un peu évanescente, un rien distante et pourtant si charmante quand elle bavarde légèrement, sa Lucky Strike au bout des doigts, son verre de whisky dans l'autre.

Un jour, pourtant… Il est grand, il est brun, il porte un bel uniforme de la marine. Son nom est Schwartz, Bob Schwartz. S'il n'est pas au front ou dans les eaux du Pacifique, c'est parce qu'il fait, comme Mary, « dans l'écriture ». Pour un journal militaire et de propagande, Yank, comme Yankee. Un ami commun les présente. Ils s'aiment. Elle s'installe à demeure avec lui dans sa chambre du Shelton Hotel (49e rue, Lexington Avenue), où la rédaction de « Yank » – exclusivement des hommes – occupe tout un étage. Situation légèrement scandaleuse, à l'époque. En plus, c'est un militaire. Et Mary, qui a retenu de son père quelques leçons de pacifisme, n'est pas censée aimer les militaires.

Mais cela fait plusieurs générations que la famille Pinchot ne déteste pas la provocation. Schwartz vient du Middle West. Et il est loin du niveau social de Mary. Il est grand, sexy, curieux de tout. Parfait pour un premier grand et véritable amour. Mary lui fait découvrir l'univers, son univers, des Grey Towers et des Hamptons. Mais Schwartz aime qu'elle le fasse sans arrogance ni ostentation. Il aime qu'elle ne soit pas snob, qu'elle ait ce fond de mélancolie et cette inépuisable réserve d'interrogations sur le sens de la vie. Ils découvrent ensemble Mondrian et l'art abstrait au Moma, le Museum of Modern Art, qui n'a cessé de s'agrandir depuis son ouverture en 1929 et a emménagé dans ses locaux de la 53e rue dix ans plus tard. Pygmalion à l'envers, elle lui fait lire L'Étranger, de Camus, paru en 1942, L'Être et le Néant, de Sartre (1943). Ils ne discutent pas souvent de la guerre, sauf quand elle le contraint de lire un livre sur Verdun, « La stupidité de la guerre ». Schwartz se demande parfois si elle est réellement convaincue par ce qu'elle dit quand elle s'enflamme contre la guerre, ou si ce n'est pas une manière de maintenir un lien avec son père qui ne sort de sa torpeur médicalisée que pour vociférer contre les militaires.

Amos meurt en février 1944. Bob et Mary s'aiment toujours. Peu après la mort de son père, la jeune femme s'arrange même pour ne pas quitter son compagnon quand il part pour San Diego avec pour mission d'interviewer les sept survivants – sur 1 000 marins – d'un bateau coulé par l'ennemi du Pacifique. Mary, elle, écrit pour un magazine féminin qui lui a demandé un article sur l'un des pionniers d'une nouvelle « science » de l'éducation : le rôle de la femme dans le couple. Elle écrit aussi sur les enfants, la sexualité, et même les maladies honteuses. C'est une femme moderne. Qui n'oublie pas les valeurs et traditions de la société d'où elle vient. « Certaines parmi nous voulaient vraiment s'engager dans une carrière professionnelle, dit une amie d'université de Mary. Mais nous pensions aussi que notre vie serait un échec si nous n'étions pas mariées à 25 ans ». Or Schwartz ne serait pas un bon mari, se dit finalement Mary. Elle le quitte. Parce qu'il lui semble trop étranger à son monde, à ses élans, et à ses doutes. Trop étranger au destin qu'elle attend. Qui l'attend. Tragique.

* * *

Cord Meyer est un homme d'exception, un survivant. Un héros. Quand Mary Pinchot l'aperçoit dans un de ces bars de soldats et d'anciens combattants de New York, un jour de l'automne 1944, Mary se rappelle qu'ils s'étaient croisés neuf ans plus tôt lors d'un week-end entre « preppies ». C'est ainsi que l'on appelle les enfants de l'élite sociale et intellectuelle de la côte Est qui fréquentent des écoles privées chères et de haut niveau où on les prépare (d'où le terme « preppies ») à leurs vies de futurs « maîtres du monde ». Les écoles ne sont pas mixtes. Mais il y a les week-ends pour se retrouver et flirter chastement. Cord et Mary s'étaient aperçus, aussi, plus tard, lors d'un week-end à l'université de Yale. Il était séduisant, comme le sont souvent les héritiers intelligents et cultivés de fortunes immobilières. Pourtant, comme il se doit, rien ne s'était passé.

Mais ce jour de 1944, quand Mary croise à nouveau le jeune homme, il a changé. Cord Meyer est « une gueule cassée ». Un survivant. Un héros.

Il est de retour des îles du Pacifique sud où il est parti en mars 1943 comme second lieutenant, à 22 ans, chef d'un peloton de Marines tireurs d'élite. Il faut déloger les Japonais de ces îles pour mettre Tokyo à portée des bombardiers américains. L'horreur. Dans une lettre à ses parents qui sera publiée par l'Atlantic Monthly, il décrit l'assaut sur l'île d'Eniwetok et la contre-attaque de commandos suicides nippons. « Ils ne se rendent jamais, écrit-il à propos des soldats de l'Empire ennemi. On a fini par les tuer tous. Et je n'en ai aucun regret. Ils sont, en tout cas ils semblent, inhumains. Nous les tuons avec aussi peu de sentiments que l'on doit éprouver quand on tue des chiens enragés ». Cord tue. Il voit aussi mourir ses compagnons. Tous les jours. Le 21 juillet 1944, les Américains attaquent l'île de Guam. Les rivages de l'île ne sont pas assez larges pour une attaque frontale de grande envergure. Il faut procéder à l'aide de petits groupes. Cord est de la première vague. Débarquer la nuit, faire son trou dans le sable, attendre l'aube pour submerger l'ennemi qui, naturellement, est prêt. Tout près. L'assaut durera quinze jours, et Cord n'en vivra pas la fin. Dès le premier jour, la première nuit, avant que tout ne commence vraiment, il voit une grenade ennemie rouler jusque dans son terrier. Au moment où il se dresse pour la ramasser et la jeter au loin, elle lui explose en pleine face, tue son compagnon, le laisse pour mort. Quand le soleil se lève, Cord est toujours conscient, mais incapable de bouger, de parler, de voir. Un Marine lui tâte le pouls. Il vit. « Je lui donne 20 minutes », dit un docteur. On l'emmène quand même à une station de secours installée sur un récif de corail. Des transfusions massives de sang permettent de le transporter vers un hôpital de Pearl Harbor, puis vers un autre à New York. Un œil est perdu. Ses dents. La chirurgie reconstructive fait cependant des miracles.

Mais dans une nouvelle qu'il écrit pendant sa convalescence, son personnage principal – lui-même – « vit clairement la guerre comme le produit ultime de l'ignorance, la cupidité, la bestialité universelles, écrit-il. Un peu à cause de sa petite vanité adolescente, mais surtout parce qu'il n'avait pas eu le courage de se compter parmi les objecteurs de conscience, il choisit d'en accepter les conséquences et de racheter par son courage personnel la perte de son véritable idéal ». Dans les longues discussions avec ses camarades de l'université de Yale où il étudiait alors que le front n'était qu'en Europe, Cord avait en effet souvent défendu isolationnistes, pacifistes, objecteurs de conscience. Dès le lendemain du bombardement de Pearl Harbor, pourtant, il s'engageait dans les Marines.

Héros de guerre malgré lui, pacifiste auto-réprimé, une âme d'idéaliste universaliste perdue dans un corps de patriote nationaliste et activiste : voilà une alliance paradoxale de traits qui rappellent furieusement et tendrement à Mary son défunt père, Don Quichotte flamboyant sur sa Rossinante dans le vieux conflit contre l'Espagne à propos de Cuba, tribun déchaîné dans ses diatribes enflammées contre la guerre.

Mary et Cord passent de longues nuits ensemble à s'aimer et à parler gravement, intensément, de la vie, la mort, la guerre, la paix. Leurs échanges passionnés, l'intensité de leurs élans et de leurs convictions, s'unissent dans des étreintes qui ne peuvent laisser imaginer la suite. Comment Mary pourrait-elle alors imaginer que Cord renierait à ce point ses rêves de paix universelle et plongerait au cœur des opérations les plus sinistres de la CIA quelques années plus tard ? Comment pourrait-elle se douter que cet homme immense, blessé, défiguré, mais qui paraît indestructible, lui serait, bientôt, insupportable ?

Le 19 avril 1945, l'amour illumine l'appartement de Ruth Pinchot sur Park Avenue. Le marié porte son uniforme de cérémonie des Marines, Mary une robe de crêpe printanière et toute simple, blanche imprimée de motifs verts. On lit bien quelques lignes du Book of Common Prayer de l'Église anglicane, mais la cérémonie n'est pas longue. Les vœux prononcés, les anneaux échangés, Mary doit se dresser sur la pointe des pieds pour recevoir le baiser rituel de son mari qui, pourtant, se baisse. « Amos aurait pensé que Cord était exactement l'homme qu'il fallait à Mary, et réciproquement », écrira Ruth à l'une de ses amies.

Il faut dire que les profils des deux familles se ressemblent : ancêtres immigrés d'Europe (l'Allemagne pour les Meyer), affaires et spéculations immobilières réussies, préoccupations intellectuelles de haut niveau, foi inébranlable dans les vertus et les valeurs de l'Amérique éternelle et universelle. Les journaux de New York publient quelques échos et photos du mariage de ce joli couple, de ces jeunes gens exemplaires issus de familles sociétalement impeccables.

La fin de la guerre est toute proche. Les deux jeunes gens s'aiment, ils ont les mêmes rêves de paix, ils aiment l'écriture, la politique au sens le plus noble du terme, celle qui se met au service du public. L'avenir leur appartient. Et ils ne doutent de rien : ils vont changer le monde

Leur mission commencera à San Francisco. Le jour même de son mariage, Cord apprend qu'il est désigné, au titre de ses états de service, comme l'un des deux représentants des anciens combattants auprès de la délégation du Département d'État à la Conférence qui va créer l'Organisation des Nations unies. La guerre n'est pas finie : Hitler ne s'est pas encore suicidé, l'armistice n'est pas encore signé en Europe, Hiroshima et Nagasaki ne sont pas encore des cités martyres. Mais l'internationale des idéalistes y croit, sous l'égide du Secrétaire d'État de FDR, Edward Stettinius, du Conservateur britannique Anthony Eden, du très stalinien Vyacheslav Molotov. Cord est de la partie, avec ses souvenirs traumatiques de l'horrible réalité de la guerre et l'illusion que vont se chanter là, derrière les arches et les courbes de l'Opéra de San Francisco, les premiers hymnes à la joie de la concorde universelle.

Il est vite déçu, lui qui – tout membre de la délégation officielle des États-Unis qu'il soit – fraie aussi avec les doux rêveurs qui vont bientôt créer à Chicago le Mouvement pour un monde fédéraliste (World Federalist Movement). L'ambiance est festive à San Francisco, qui n'a jamais connu un tel rassemblement cosmopolite.

Mais elle retombe vite quand on s'aperçoit que Molotov traite avec mépris les anticommunistes des pays d'au-delà de ce que Churchill n'a pas encore appelé le rideau de fer. Et les rêveurs déchantent quand les « grands », les États-Unis, la Grande Bretagne, l'URSS, bientôt rejoints par la Chine et le représentant du gouvernement provisoire de de Gaulle, Georges Bidault, s'entendent pour imposer la possibilité d'un droit de veto sur les décisions de ce qui n'est pas encore tout à fait le Conseil de Sécurité.

On n'a pas encore, à l'époque, identifié ce que sont les symptômes du PTSD, le « post traumatic stress disorder », mais Cord Meyer déprime. D'autant plus qu'au bout de quelques semaines, il apprend que son frère jumeau, Quentin, est mort lors de l'asssaut américain sur Okinawa. Il n'a pas survécu, lui, à l'explosion d'une grenade japonaise alors qu'il essayait de secourir un de ses camarades blessés. « Je suis resté impuissant, paralysé, prostré dans ma chambre d'hôtel, écrira Cord quelques mois plus tard dans son journal personnel. Même ma femme ne pouvait pas me consoler ».

Car Mary est à ses côtés pendant cette longue épreuve. Impossible de se séparer alors qu'ils viennent à peine de se marier. Elle s'est donc démenée pour l'accompagner dans cette improbable lune de miel. Elle l'a rejoint dès le début de la conférence de San Francisco, accréditée comme journaliste auprès de la North American Newspaper Alliance, un groupe de quotidiens américains pour lesquels elle couvre ce sommet historique.

Parmi ses 1 200 confrères, elle reconnaît le visage vaguement familier, intelligent, sympathique, au sourire éclatant, d'un envoyé spécial, lui, du groupe Hearst. Comme Cord et Mary, il appartient à une riche famille de la côte Est. Comme eux, il fréquentait les rallyes de week-end dans les écoles chics du nord-est des États-Unis. Ils s'étaient même rencontrés à Choate, quand ils avaient 15 ans. Comme Cord, il s'est distingué pendant la guerre dans le Pacifique. Il commande alors un bateau de patrouille lance-torpilles chargé de ralentir le « Tokyo Express », ces convois japonais qui vont ravitailler les soldats de l'empire dans les îles du sud. Une nuit, son Patrol Torpedo 109 est éperonné par un bateau ennemi. Neuf hommes à la mer, deux sont tués. Les survivants, le jeune homme à leur tête, qui soutient un camarade blessé, regagnent à la nage un rivage distant de trois kilomètres. Quelques îliens leur viennent en aide. Huit jours plus tard, ils sont recueillis par les leurs.

Comme Cord toujours, l'envoyé spécial des journaux du groupe Hearst a aussi perdu un frère à la guerre : Joe Jr, dont l'avion a explosé au-dessus de la Manche sous le poids de ses propres bombes le 12 août 1944 alors qu'il allait attaquer une forteresse nazie construite à Mimoyecques, près de Boulogne-sur-Mer.

Cord Meyer et John Kennedy devraient donc bien s'entendre quand ils se croisent à San Francisco. Membre de la délégation officielle de Washington, Meyer a donné une interview au New York Times. Avec Mary pour l'amadouer, JFK l'approche pour qu'il fasse de même avec le groupe Hearst. Arrogant et de mauvaise humeur, Meyer le repousse. Parce que Kennedy traite avec scepticisme l'idéalisme béat des pacifistes de la convention ? Parce que Cord est agacé de voir que Mary sourit et semble à l'aise en compagnie du futur martyr de Dallas ? Rien ne se noue pourtant, alors, dans le destin qui les attend tous les trois.

Dévasté par la mort de son frère, Cord abandonne la conférence de San Francisco, ses chimères et ses hypocrisies. Que fait-il là, après tout, alors qu'il vient à peine de se marier ? Cord aime Mary. Mary aime Cord. Ils ont des diplômes, des réseaux, du talent, de l'argent, ils ont pris quelques douloureuses leçons de vie. Place à l'avenir ! Place au bonheur ! Ils s'envolent vers une véritable lune de miel : Un mois dans un ranch du Montana, propriété de la famille Meyer. Ils vont y décider de travailler et d'écrire régulièrement pour le déjà célèbre et renommé magazine mensuel Atlantic Monthly.

Dans le train qui les ramène vers New York, Cord écrit déjà un premier article d'importance. Confesse sa déception sur les résultats de San Francisco. L'article est deux fois trop long. Mary le relit, coupe, réécrit. Cord se vexe. Ils se disputent. Mary est nauséeuse. Elle est enceinte. Cord ne paraît pas si heureux que cela. Il faut dire qu'à l'escale de Chicago, ils apprennent qu'Hiroshima et ses habitants viennent d'être rayés de la carte. Quelques jours après, Nagasaki est anéantie. « L'apocalypse et les tocsins du Japon sonnent non seulement la fin de la guerre, mais la fin de notre propre sécurité, quelle que soit notre puissance militaire », écrit Cord dans un essai que publie le New York Times. « Mes blessures de guerre ? ajoute-t-il. C'est comme si j'avais été touché par la fronde de David lors d'une bataille archaïque qui appartient totalement au passé ».

Cord Meyer n'a pas encore 25 ans. Mais il est déjà considéré comme un expert reconnu des affaires du monde nouveau qui s'ébroue. Harvard lui accorde une bourse de trois ans pour écrire ce qu'il veut, à commencer par un livre, « Peace or Anarchy » (La paix ou l'anarchie) dans lequel il va analyser les effets désastreux de l'avènement de l'atome si les hommes n'arrivent pas à faire la paix. À Cambridge, Massachusetts, là où se trouve Harvard et où ils habitent désormais, Cord et Mary fréquentent les intellectuels les plus pointus et les meilleurs écrivains : Nabokov, qui est là ;

Shakespeare, que Cord se met à dévorer tout en écrivant des poèmes.

Mais sa mélancolie s'aggrave. Thanksgiving chez ses parents, le premier sans son frère jumeau, est funèbre. Pourtant, il va être père pour la première fois.

— Tu devrais être heureux, lui répète Mary.

— Mais tu ne te rends pas compte que la guerre atomique est pour bientôt ? s'impatiente le jeune homme. À moins que les Nations unies ne deviennent le gouvernement du monde, notre enfant ne vivra que pour connaître le chagrin et l'effroi.

Quentin, à qui les jeunes parents donnent le prénom du jumeau de Cord tué dans le Pacifique, naît en janvier 1946. Puis Michael, à l'automne 1947. Le baby-boom a commencé. Mère attentive, parce qu'elle trouvait que la sienne ne s'était pas assez occupée d'elle et de sa sœur Tony, Mary passe du temps avec de vieilles amies, mariées elles aussi, mères au foyer comme elle. Elle a abandonné l'écriture mais elle prend néanmoins des cours de peinture. Cord, lui, voyage, fait des conférences, milite pour le gouvernement mondial, et devient président des United World Federalists, regroupement de tous les internationalistes (non communistes) américains. Albert Einstein est leur figure de proue.

Le couple habite alors New York, dans l'appartement de Ruth, où ils se sont mariés. Mary est souvent seule avec les enfants ; mais elle ne semble pas en tenir trop rigueur à son mari et à sa croisade : elle assure même quelques tâches bénévoles d'écriture et d'animation pour les volontaires du mouvement. Cord, pourtant, est souvent loin. Pas seulement en termes géographiques. « Demandez-lui par exemple comment il imagine l'avenir du Luxembourg, observe un de ses amis. Il vous l'expliquera en détail. Demandez-lui maintenant l'âge de ses enfants. Il ne saura pas vous répondre ».

Son étoile ne cesse de monter. En 1947, le magazine Glamour l'inclut dans un long article, photos à l'appui, sur « Ten Men who Care ». À côté de lui, John Kennedy.

Mais sa notoriété grandissante n'y fait rien, ni les deux paquets de cigarettes qu'il fume tous les jours. Cord Meyer est un homme, au fond, désespéré. Brisé, en partie, par la guerre, et par la prise de conscience qu'il poursuit des chimères. Tout d'un coup, le doute : le fédéralisme mondial n'est qu'un rêve impossible. Plus prosaïquement, il se rend compte que des militants communistes jouent l'entrisme et tentent de s'infiltrer à des postes de responsabilité dans une association d'anciens combattants dont il s'occupe aussi.

La famille retourne à Cambridge, où la bourse de Harvard est toujours disponible. Mary s'occupe des enfants – le troisième, Mark, naît au début de 1950 – ; se sent coupable de les négliger lorsqu'elle va à ses cours de dessin. Cord ne s'y intéresse guère, ni aux enfants, ni aux cours de dessin de sa femme. Il s'intéresse à son avenir. L'Université de Chicago lui propose une chaire de réflexion sur « l'avenir de l'humanité ». Il est tenté par la carrière académique. Mais il a changé. Le monde a changé. Ses utopies fédéralistes lui paraissent désormais d'autant plus dérisoires que l'utopie absolue, totalitaire, a fait tomber un rideau de fer sur l'Europe de l'Est. Et Cord voit beaucoup de ses amis, anciens des universités de l'Ivy League comme lui, intéressés comme lui par la marche du monde – et le pouvoir – converger vers Washington et ses cabinets des ministères, son Département d'État, sa Maison Blanche, la CIA, fondée en 1947, sorte de « gouvernement du monde » à elle toute seule. Cord se renseigne. En plus, un jour de l'été 1951, son père lui dit qu'il a bavardé avec Allen Dulles, le patron de l'Agence, lors d'une party très chic dans les Hamptons. Beaucoup des cadres de la CIA de ces années-là ont été recrutés à Yale, là où Cord a fait ses études.

— Tu devrais aller voir Dulles, lui dit son père.

Cord Meyer va voir Dulles. Une nouvelle vie commence. Pour lui, qui doit plonger dans l'univers des activités clandestines, donc anonymes, alors qu'il rêvait d'être un homme politique ou un écrivain connu ; pour Mary, soudain propulsée dans le clan des femmes qui ne sont plus qu'épouses, mariées à des hommes brillants, investis de missions que l'on dit nobles, inspirés par des causes que l'on dit justes. Dont elles ne doivent rien savoir.

Cord Meyer fait merveille à la CIA. Il commence au Bureau de la Coordination Politique, en d'autres termes le bureau de la propagande. Nous sommes en 1951, et il faut contrer l'influence communiste dans tous les milieux où elle peut s'exercer : intellectuels, artistiques, politiques, syndicalistes… L'Opération Mockingbird (Oiseau Moqueur) est son bébé. Des millions de dollars sont investis, partout, pour manipuler, acheter, des hommes, leurs opinions, leurs organisations. La France et l'Italie, où les Partis Communistes rôdent aux portes du pouvoir, sont des terrains de jeux privilégiés. C'est la CIA qui crée Force Ouvrière pour contrer l'influence de la CGT communiste. Beaucoup d'argent se retrouve dans les coffres et les poches des partis de la gauche modérée, de chrétiens-démocrates pas toujours très catholiques mais pro-européens et atlantistes. Des organisations internationales en faveur de « la liberté culturelle » surgissent un peu partout, avec leurs festivals, leurs publications, leurs sections affiliées disséminées sur tous les continents. Aux États-Unis même, George Meany, légendaire patron de l'AFL-CIO, Walter Reuther, son confrère des non moins légendaires United Auto Workers, sont dans les réseaux de Mockingbird. Ben Bradlee, alors attaché de presse à l'ambassade des États-Unis à Paris et employé, surtout, par l'Office of US Information and Education Exchange – un faux nez de la CIA – se voit par exemple dicter des « éléments de langage » à destination de la presse française quand sont jugés et condamnés à mort les époux Rosenberg, accusés d'espionnage au profit de l'Union Soviétique. Les patrons de CBS, Time Magazine, le New York Times, le Washington Post et leurs rédactions sont cajolés. Certes, il n'y a pas mort d'homme, comme on dit. Pas encore. Car Cord gravit les échelons. En 1954, le voilà promu Directeur de la Division des Organisations Internationales. À partir de 1962, il dirige le Covert Action Staff du Directorat des Plans, en d'autres termes les opérations clandestines.

Cord Meyer s'entend à merveille avec l'homme qui l'a engagé : Allen Dulles, qui devient chef suprême de l'Agence en 1953. Un autre homme clé de l'histoire de Mary Pinchot devenue Meyer. Un tueur, ou plutôt un commanditaire de tueurs. Il est le jeune frère de John Foster Dulles – qui donnera son nom à l'aéroport international de Washington – longtemps Secrétaire d'État du Président Eisenhower. John était un diplomate, un vrai, obsédé par l'ennemi soviétique, imprimant ses pattes de faucon sur les négociations et traités internationaux, mais plutôt respectueux des règles généralement en vigueur dans les relations internationales. Avec Cord Meyer, James Angleton, et quelques autres, Allen en fut le pendant activiste, maître des basses œuvres d'une Administration souvent tenue à l'écart, à ce point puissant, volontariste, machiavélique, et si dépourvu de scrupules qu'il transforma peu à peu la CIA en une espèce de gouvernement parallèle dont il fallait que les diplomates – et, souvent, la Maison Blanche – ne connaissent pas les faits et les méfaits. Eisenhower lui-même s'en plaignit souvent. Mais Allen Dulles avait ses réseaux, ses secrets, ses méthodes.

Quand Eisenhower quittera la Maison Blanche, Kennedy se demandera s'il devait maintenir pareil démiurge à son poste. Un homme si impressionnant que John Edgar Hoover, autre grand maître ès complots et chantages, jaloux de la puissance de la CIA dans le monde entier alors que lui n'a que le territoire national comme terrain de jeu, se cassera les dents à essayer de lui mordiller les mollets.

Kennedy se rendra vite compte lui aussi que l'affaire n'est pas si simple. Dulles est charmeur. Et intouchable. D'autant plus que, à peine élu, quelques jours après son intronisation, Kennedy reçoit la visite du patron de la CIA le 27 janvier 1961.

— Il faut que je vous parle d'un plan que nous avons pour Cuba et Fidel Castro, commence Dulles.

— La Baie des Cochons ? interroge JFK.

Eisenhower avait déjà évoqué l'hypothèse de ce plan d'invasion de l'île – et de l'assassinat de son chef barbu – auprès de son successeur. Kennedy invite Dulles à lui donner des détails.

— Cela fait plusieurs mois que nous entraînons environ 1 500 hommes au Guatemala pour qu'ils envahissent l'île.

— Nous, c'est la CIA ?

— Oui, Monsieur le Président. C'est notre job, n'est-ce-pas ? J'ai besoin de votre accord pour passer à l'action.

— Hmmh ! Qui sont ces hommes ?

— Tous volontaires. Des exilés anticastristes, d'anciens militaires de l'armée régulière, paramilitaires, soldats de fortune.

— Et vous croyez qu'ils ont une chance de réussir ?

— Absolument. Parce que, dès que le débarquement aura eu lieu, le peuple cubain se soulèvera contre Castro. Son armée se mutinera. Nous avons des agents sur le terrain.

— Je vais y réfléchir.

Kennedy est déchiré. Il a fait une campagne exaltante sur de « nouvelles frontières » pour l'Amérique qui ne seront pas dessinées par les agents brutaux de la puissance militaire. L'Amérique du Sud attend, espère, que l'impérialisme « yanki » se meurt. Kennedy comprend les aspirations nationales des peuples en développement. Il encourage partout les mouvements de décolonisation. Mais il vient d'être élu. Beaucoup redoutent son idéalisme, qui pourrait le mener à être trop accommodant avec « les Rouges ». Et Eisenhower lui a conseillé de laisser l'invasion se dérouler.

— OK, on y va, dira finalement Kennedy.

L'opération du 17 avril 1961 est un désastre. Balayés par l'armée de Castro, les envahisseurs s'enfuient, sont tués, ou capturés. À la CIA, au Pentagone, à la Maison Blanche, certains supplient Kennedy d'envoyer des bombardiers de l'US Air Force et des commandos des US Marines sur le terrain. Kennedy est inflexible. Il n'enverra pas de renforts pour cette opération ratée qu'il regrette d'avoir autorisée mais dont il assume avec courage la responsabilité. Quelques mois plus tard, il chassera Dulles de la CIA. Et la sœur de ce dernier du Département d'État.

— Ce petit Kennedy, il se prend pour Dieu ? réagira Dulles. Qui ne lui pardonnera jamais.

Mais c'est aller trop vite en besogne. Au début des années cinquante, Allen Dulles n'est encore que le mentor de Cord Meyer. Celui qui l'engage à la CIA. Celui qui le protège quand quelques affidés « chasseurs de sorcières » du Sénateur Joe McCarthy, probablement actionnés par un John Edgar Hoover qui cherche à miner l'énorme pouvoir de l'Agence, vont chercher des petites bêtes dans la tête de Cord. « Il aurait été proche des milieux communistes dans ses années de militantisme pour le fédéralisme mondial. Son épouse aussi, Mary. Et, avant eux, les parents de celle-ci,

Ruth et Amos ». Allen Dulles fait rempart de sa force et de ses réseaux pour réduire au silence les mauvaises langues. Parce que Cord Meyer est un homme important pour la CIA. Pour Allen Dulles.

Très vite, Mary ne peut plus supporter cet air du temps qu'elle se met à respirer. Elle rêvait de grands idéaux aux côtés d'un héros. Elle se retrouve étouffant dans des dîners mondains aux côtés de femmes comme elle, ayant épousé des hommes comme lui, qui ne disent plus rien, qui boivent et qui, le dîner fini, se retirent dans leurs salons aux murs recouverts de belles boiseries et décident en secret de la marche du monde en fumant des cigares et buvant du brandy. Mary s'agace, fait la moue, s'enivre un peu elle aussi, s'autorise des piques publiques et remarquées contre la CIA et ses activités planétaires, antidémocratiques, de gouvernement parallèle. Elle se fait déjà une réputation – mauvaise – et des ennemis chez quelques-uns de ces hommes tout-puissants.

Son mariage se fissure. Cord, pourtant, fait des efforts. Il essaie de lui expliquer, de la convaincre que l'Agence se bat pour la bonne cause, et que cette fin peut justifier certains moyens. Il lui en dit d'ailleurs sans doute beaucoup trop, beaucoup plus qu'il ne devrait, sur les activités secrètes et non avouables de la CIA. Ce qui ne fait qu'irriter Mary encore davantage. « Elle détestait Dulles, et tout ce qu'il représentait, avec passion », dira une de ses amies.

Ils ont déménagé de l'autre côté du Potomac, en Virginie, non loin de Langley, où l'on va bientôt construire le nouveau siège de la CIA. Mary s'y ennuie. Sa sœur n'est pas heureuse non plus. Mariée depuis 1947 à un avocat, Stuart Pittman (qui sera plus tard Secrétaire Adjoint à la Défense de Kennedy), elle se laisse aller elle aussi à des accès de mélancolie.

Ruth, leur mère, vole au secours de ses filles.

— Vous devriez vous changer les idées. Pourquoi n'iriez-vous pas vous promener en Europe ?

Et elle offre à chacune un billet de paquebot et 1 000 dollars en argent de poche. Les voilà parties, à l'été 1954, comme deux collégiennes prêtes à enterrer leur vie de jeunes filles. À cette réserve près qu'elles sont déjà mariées et mères de famille. Peu importe. Leur voyage devient vite ce que l'une d'elles appellera plus tard la tournée du « ras-le-bol des maris » (« the husband dumping tour »). Car elles sont lasses d'une vie qui, consacrée à leurs seuls enfants et à des compagnons qui, au fond, les ignorent, les use. Dans leur famille intellectuelle, non conformiste, elles se sont familiarisées avec les architectes de la pensée moderne. Elles préfèrent de loin Freud et Wilhelm Reich aux textes de propagande de la CIA et aux briefs juridiques.

Direction : l'Europe, et advienne que pourra. Comme aux temps glorieux d'Ernest Hemingway et de sa bande d'expatriés, « Paris est une fête ». Dans ses mémoires, Ben Bradlee, issu lui aussi d'une grande famille de la côte Est et qui a quitté l'ambassade pour entamer sa vraie carrière de journaliste comme correspondant de Newsweek, raconte. « Cet été-là, avec quelques amis, nous [Ben et son épouse d'alors, Jean] avons loué un château extraordinaire à Boissy-Saint-Léger, à quarante-cinq kilomètres à l'Est de Paris. Plus de 300 hectares, entourés d'un épais mur de pierres, avec un immense étang, une vraie ferme avec de vrais animaux, une étrange piscine carrée. À l'intérieur, 67 pièces, y compris une salle de bal… Nos fêtes, le week-end, commençaient le vendredi soir et ne s'arrêtaient qu'avec le dîner du dimanche… Le week-end qui a changé ma vie advint en août 1954, quand nos amies les sœurs Pinchot sont arrivées. Avec leurs maris, elles faisaient partie de notre clique de Washington ; elles terminaient un tour d'Europe qu'elles s'étaient offert après sept ans de couches et de vaisselle. Pour Tony et moi, ce fut le coup de foudre. Immédiat. Irrésistible. Quant à Mary, elle était tombée amoureuse d'un peintre italien à Positano »…

Mary avait rencontré son peintre en nageant près de son yacht sur la côte amalfitaine, au sud de l'Italie. Un noble, riche, oisif, marié avec une femme riche elle aussi, qui s'occupait des enfants à Florence. Il était beau, toujours souriant, détendu, s'intéressait à la peinture. Le contraire de Cord. Mary passa quelques jours « de rêve » sur son bateau, croisant en Méditerranée, avant de rejoindre sa sœur à Paris. Puis Cord, à Washington.

Elle ne lui dit pas un mot de son aventure, qui la hante. Pas par sentiment de culpabilité – après tout, elle est persuadée que Cord l'a déjà trompée plusieurs fois –, mais parce que son escapade lui a ouvert de nouveaux horizons, rayonnant de nouvelles promesses et de tendres sensations. L'été suivant, Cord et Mary retournent à Paris pour le mariage de Ben et Tony, suivi de quelques jours de tourisme en Italie, dont sa destination à la mode : Positano, où le comte italien est encore là, cette fois en compagnie d'une jeune étudiante américaine en Europe. Mary ne peut s'en empêcher : elle renoue avec lui, lui présente son mari qui – tout renifleur ou détecteur de secrets qu'il soit – ne se doute apparemment de rien. En tout cas, il n'en laisse rien paraître. L'Italien et sa compagne lui sont même sympathiques. Les deux couples voguent ensemble vers Capri, puis vers Naples.

Cord retourne à Washington, Mary à Paris.

— Tony aimerait que j'aille l'aider dans sa nouvelle vie à Paris, explique-t-elle au père de ses enfants.

Elle retourne en réalité en Italie : re-yacht, re-croisière, sea, sex and sun, mais cette fois, l'Italien et la belle Américaine se font aussi de grands serments d'amour.

Quand elle rentre finalement à Washington, Mary dit tout à son mari. Affirme son amour pour l'Italien et l'amour que ce dernier lui porte.

— Il va émigrer au Canada pour pouvoir divorcer. Nous allons nous marier et vivre dans un ranch, à l'Ouest. Le Montana. Mon rêve.

Rien de tout cela ne se passera. Elle écrit de longues lettres à son amant qui, bientôt, se lassera. Cord fait la gueule, boit, s'enfonce dans son univers secret. Le couple fait semblant, et bonne figure dans les quelques dîners ou réceptions où ils vont. Par exemple chez leurs nouveaux voisins de Hickory Hill, arrivés au printemps 1955 : Jackie et John. Le hasard a la vie dure dans tous les grands destins romanesques.

Le couple Kennedy bat lui aussi de l'aile. On ne sait si c'est pour suivre la tradition paternelle où s'il subit les effets secondaires des médicaments antidouleur dont il se gave pour soulager son dos blessé pendant la guerre, mais le priapisme de JFK est sans limites. Quand Jackie accouche d'un bébé mort-né, au printemps 1956, John est en Europe avec un de ses amis sénateurs pour quelques contacts officiels entrecoupés de nombreuses séances plus physiques avec les femmes peu farouches qui passent à leur portée. Il faut trois jours pour convaincre JFK de retourner réconforter Jackie, qui avait déjà fait une fausse couche un an plus tôt.

Le futur président, on l'a vu, connaît déjà Mary sa voisine. Mais celle-ci n'a guère le cœur et l'esprit à la bagatelle. D'ailleurs, Jack ne tente rien. Il espère être le colistier d'Adlaï Stevenson contre Dwight Eisenhower pour l'élection de novembre 1956 et songe déjà à la Maison Blanche. Et, avec Jackie, ils déménagent à Georgetown, dans la maison de N Street, à côté des Bradlee, revenus à Washington.

Mary s'enfonce quant à elle dans une sorte de tunnel de ténèbres. Le jour de son 36e anniversaire, 14 octobre 1956, elle annonce à son mari qu'elle veut divorcer. Deux mois plus tard, une semaine avant Noël, leur fils Michael, 9 ans, est percuté par une voiture alors qu'il essaie de traverser la route 123 à l'heure du crépuscule. Avec son frère aîné, ils se pressent pour rentrer dîner à l'heure que Mary leur a fixée après avoir regardé la télévision chez le voisin, de l'autre côté de la route. Mary les a souvent tancés parce qu'ils rentraient trop tard et qu'ils traversaient n'importe comment à un endroit où, deux ans plus tôt, leur labrador avait été écrasé. Quentin, l'aîné, est déjà passé. Il croit que Michael est sur ses talons. Mais non. De sa maison, en haut de la colline, Mary entend les crissements d'un coup de frein désespéré. Puis les cris de Quentin. Michael mourra, vite, dans l'ambulance.

Un mois après l'épouvantable drame, Cord décrit dans son journal l'espoir d'une réconciliation avec Mary, le vœu que « notre chagrin partagé soit une passerelle vers une vie meilleure entre nous ». Mais une conversation avec Mary le ramène à la réalité deux ou trois jours après. Cord, toujours dans son journal : « Mary pense, écrit-il, que je suis incapable du moindre engagement profond ni digne d'une quelconque confiance… que je bois trop… que je considère les enfants comme un fardeau… que je suis cruel et que je manque de délicatesse avec elle… que je suis prêt à coucher avec n'importe qui »…

Le divorce est prononcé. Mary s'installe avec ses deux enfants dans la maison bleue de la 34e rue, une chambre pour chacun des garçons, une pour Mary, une chambre d'amis, un grand jardin tout en long. À cinq minutes à pied de chez sa sœur, et du couple Kennedy. Elle n'a pas besoin de gagner sa vie : la pension du divorce, les restes de la fortune des parents, le trust ouvert par son père sur lequel il reste quelques dizaines de milliers de dollars… Mary s'installe dans sa nouvelle vie, peint, s'occupe (un peu) d'une galerie de peinture dans Washington. Elle rencontre un artiste moderne, Ken Noland, avec qui elle va passer trois ans. Le LSD est à la mode. Ils consomment du LSD. Ils fréquentent même le célèbre Timothy Leary, philosophe et psychologue de Harvard qui prône l'usage de drogues psychédéliques dans quelques pathologies psychiatriques et pour assurer « l'expansion de l'esprit ». Il sera viré de Harvard après quelques expériences dangereuses avec des étudiants. Modernes, furieusement modernes, Mary et Noland côtoient aussi les adeptes des analyses et théories de Wilhelm Reich, qui prônent l'affranchissement de toutes les inhibitions car celles-ci empêchent le corps et l'esprit de ne faire qu'un.

Elle a la garde des enfants, mais Cord a obtenu un droit de contrôle sur leur éducation, les pensionnats qu'ils fréquentent, les « summer camps » où ils passent leurs vacances. Alors, Mary et lui se voient de temps à autre, se parlent. Ils ne parlent pas seulement de l'éducation des enfants. Mary s'enflamme toujours contre ce qu'elle entend, pressent, devine, des activités de l'Agence dirigée par Dulles avec son ex-mari et James Jesus Angleton parmi ses collaborateurs les plus proches.

Angleton est le chef du contre-espionnage à la CIA et le meilleur ami de Cord. Après le divorce, il continue à venir souvent chez Mary, car les enfants adorent ce personnage pittoresque et mystérieux qui va jouer un rôle capital dans l'histoire de leur mère.

* * *

Mais nous sommes encore loin de Dallas, du 22 novembre 1963, de la Commission Warren et de ses conclusions, péremptoires mais incertaines, officielles mais mises en doute, sur l'assassinat de JFK. Il y a encore quelques années avant le rendez-vous de Mary avec la mort, le 12 octobre 1964.

D'abord, il y a – c'est selon – une nouvelle et sordide histoire d'adultère présidentiel ou la belle romance d'un amour inéluctable mais impossible entre deux êtres attachés à sublimer leur idéalisme mélancolique. Un de ces épisodes du « tourbillon de la vie » dont la très francophile Mary Meyer adorera bientôt entendre Jeanne Moreau chanter les soubresauts dans Jules et Jim, en 1962. « On s'est connus, on s'est reconnus, on s'est perdus de vue, on s'est r'perdus de vue, on s'est retrouvés, on s'est réchauffés, puis on s'est séparés ». Mary et John, on l'a vu, se sont connus, se sont reconnus, se sont perdus de vue, se sont r'perdus de vue pendant des années. Mais il ne s'est encore rien passé, comme on dit. Kennedy, pourtant, fantasme sur Mary. Et il ne cache guère la forte attraction qu'elle exerce sur lui. Une amie des deux futurs amants assure même avoir été témoin d'une conversation entre eux, en 1959.

— Qu'est-ce qu'il a, ce Kenneth Noland, que je n'ai pas, moi ? demande à Mary celui qui n'est encore que Sénateur du Massachusetts et qui a déjà fait de multiples avances à cette femme qui le fascine d'autant plus qu'elle lui résiste.

— Du mystère, répondit-elle.

Mary, en effet, prend la vie, et les hommes, et l'amour, au sérieux. Elle sait depuis longtemps que

JFK s'intéresse à elle, à son regard un peu triste donc riche de sensualité imaginée, riche d'émotions vécues, à vivre et à partager, elle sent qu'il admire son corps gracile de femme mûre – elle approche de la quarantaine – mais qui bouge avec l'aisance et la précision d'une danseuse adolescente. Et, depuis tout ce temps qu'ils se côtoient, de loin, de près, dans cette vie d'adolescents nés coiffés pour régner sur le monde, dans ces tribus de jeunes adultes aux sourires pleins de dents impeccables, elle le sait intelligent, brillant, glamoureux, elle le sent aussi, peut-être, irrésistible. Mais depuis toute petite, Mary, qui aurait pu n'être que bobo chic se gavant d'émotions abstraites de littérature à la bovary ou beauvoirienne, a déjà senti dans sa chair et son âme les feux les plus intenses des bonheurs et des douleurs qui consument une fille, une femme, une épouse, une mère. Alors, pour la charmer, les princes ne peuvent pas être juste des princes avec leur pouvoir, leurs cours et leurs atours. Ils doivent inspirer, stimuler des élans, des désirs venus des tréfonds mystérieux d'âmes en proie aux « tourbillons de la vie ».

Kennedy appartient-il à cette catégorie-là d'hommes d'exception ? Peut-être. Mais comme tous ses voisins, alliés et amis – qui restent d'ailleurs d'une discrétion exemplaire, dressant un rideau de fer exceptionnellement efficace qui maintient le secret sur la vraie nature de JFK – Mary connaît la réputation du futur président, drogué de sexe, « serial fucker », déguisé en époux de rêve d'une femme de rêve, héros frais et beau d'un faux couple romantique, d'un couple fabriqué pour les couvertures de Life Magazine et de Paris Match parce que ce sont ces images-là qui vous amènent à la Maison-Blanche.

C'est cela, bien plus que les scrupules qu'elle pourrait avoir vis-à-vis de Jackie, sa voisine, son « amie » de la bonne société de Georgetown, qui retient Mary.

— Je ne serai jamais une simple entaille supplémentaire sur la crosse de ce tireur fou qu'est Kennedy, aurait-elle dit à une de ses amies.

Car c'est cela aussi, JFK, un prestigieux aîné de DSK. Il a épousé Jackie « parce que j'avais 37 ans, confie-t-il à une de ses collaboratrices au Sénat peu de temps après son mariage, en 1953. Si je ne l'avais pas fait, on aurait pensé que j'étais homo ».

Pauvre Jackie, adoubée comme épouse après leur rencontre du printemps 1951 « parce que mon père m'a dit qu'il était temps, pour mon image, que je me marie, dira le futur 35e président des États-Unis. Elle a le parfait pedigree ; elle fera une parfaite maîtresse de maison ; et elle est catholique ». Pauvre Jackie, en effet, épouse charmante, cultivée, intelligente, de la haute société ; épouse bafouée par un époux dont le palmarès en la matière est sans doute sans égal chez les chefs d'État, à l'exception, peut-être, de Jacques Chirac et François Mitterrand. Kennedy, en tout cas, joue dans cette catégorie-là.

Il tenait ça de son père, qui fut pourtant lui-même impressionné par le priapisme déchaîné du fils. « J'aurais dû le faire castrer quand il était petit », aurait même dit Joe Kennedy Senior, avec élégance et distinction, à John Edgar Hoover, le patron du FBI, qui tint avec soin, tout au long de sa vie, le registre des « indélicatesses » de JFK.

Les explications possibles et crédibles de ces excès sont multiples. Les biographes de ce dernier se sont d'ailleurs longuement penchés sur la question et ont avancé plusieurs réponses. L'une d'elles est chimico-médicale. Tous les médicaments qu'il prenait auraient eu des effets pervers sur sa sexualité. Car Kennedy fut un de ces grands malades qui nous gouvernèrent. Il souffrait de la maladie d'Addison, qui affecte la capacité du corps à réguler le sucre et le sodium de l'organisme. Son ostéoporose du bas du dos lui causait des douleurs insupportables, l'empêchant d'accomplir des tâches aussi simples que d'enfiler ses chaussettes ou de se pencher pour se saisir de dossiers sur son bureau. Sujet également à des infections urinaires, atteint de maladies vénériennes datant de ses multiples rencontres « péripathétiquiennes » quand il était à Harvard, proche, à l'occasion, d'accès de psychoses maniaco-dépressives, il lui arrivait de prendre douze médicaments en même temps. Avec des effets sur sa sexualité débridée ? Possible.

Mais pas suffisant. « Il était si obsédé par le sexe, si indifférent à ces conquêtes jetées les unes après les autres, qu'il devait avoir un gros problème avec l'expression et le ressenti de véritables sentiments d'intimité », écrira l'historienne Doris Kearns Goodwin. Un autre « Kennedylogue » réputé, Robert Dallek, affirmera que John Kennedy « était un narcissique dont les frasques sexuelles tentaient de combler le sentiment de vide intérieur qu'avaient nourri une mère froide et distante et un père très largement absent ». Pardon pour la psychanalyse de talk show de la télé, mais le jeune JFK aurait, pour compenser ces vides, développé une volonté surdimensionnée de puissance et de conquêtes en tous genres : à la guerre, dont il fut un héros ; en politique, où rien ne lui résista ; en amour, ou plutôt en sexe, où il lui fallait aussi collectionner les trophées. Avec un léger arrière-goût de revanche : sa mère était froide et lointaine ? Toutes ses semblables devaient être à son image ; il fallait les en punir, donc les dominer, les mater, puis les rejeter.

Le jeune John cultiva pourtant le goût de la tendresse, la sensation d'un certain idéal féminin, auprès de deux femmes qu'il n'oubliera jamais. Il adorait sa sœur Kathleen, de trois ans sa cadette, rétive, comme lui, au dogmatisme de la « grenouille de bénitier » qui leur avait donné naissance, défiant le monde entier en aimant passionnément un jeune Protestant – qu'elle épousa –

tué à la guerre en 1944, un mois à peine après leur frère Joe Jr. Plus que combative – résiliente face à la tragédie –, elle récidiva, avec la même passion, auprès d'un riche aristocrate anglais, protestant bien entendu, qu'elle allait épouser malgré les menaces des Kennedy Senior de la déshériter. Malheureusement, les familles exceptionnelles vivent souvent des destins exceptionnellement tragiques : quelques semaines avant leur mariage, en 1948, Kathleen Kennedy et son bel aristo anglais, Peter Fitzwillian, se tuaient dans un accident d'avion. « Dieu n'a pas voulu de ce deuxième mariage sacrilège », commentera sobrement la mère Kennedy. John, lui, confiera à un de ses amis que son rêve était de tomber amoureux comme Kathleen l'avait été. Et il ajouta : « Comme je l'ai été moi-même. Une fois ». Amoureux fou d'une amie de Kathleen.

Elle s'appelait Inga Arvad, née en 1913, quatre ans avant Kennedy. Danoise. Étudiante en journalisme à la Columbia University de New York. Consœur de Kathleen Kennedy au quotidien The Washington Times-Herald. Nous sommes en 1941, et John Kennedy est enseigne de vaisseau dans les bureaux des services de renseignement de la marine à Washington. Inga est mariée, mais séparée de son mari. De toute façon, peu leur importe. C'est la guerre. On ne sait de quoi l'éternité ni même le lendemain seront faits. Alors, les romances et les étreintes n'engagent pas pour la vie. Et Inga est tellement belle. Tellement danoise. Blonde, sensuellissime, vivante. Pour une fois, John est amoureux. Au sens le plus profond du terme. Romantique, attentionné, tendre, obsessionnel. Ce qu'il ne sait pas, c'est qu'Inga est surveillée par le FBI. Car en 1935, à 22 ans, journaliste free lance pour des publications de Copenhague et ne doutant de rien, elle a réussi à s'incruster au plus haut niveau du pouvoir nazi. Résultat : deux ou trois interviews plutôt complaisantes du führer-chancelier, Adolf Hitler, qui l'a même invitée dans sa loge aux Jeux Olympiques de Berlin en août 1936 ; et une surveillance attentive des services de John Edgar Hoover, déjà Directeur du FBI. Cette femme ne serait-elle pas une agente au service de l'Allemagne nazie ? Et que cherche-t-elle ainsi, à filer le parfait amour avec ce jeune officier de marine fils de Joe Kennedy Sr, ancien ambassadeur des États-Unis auprès de la Cour d'Angleterre ? Rien. D'abord parce que JFK n'a aucun accès à quelque document confidentiel pouvant intéresser l'ennemi ; ensuite parce que la Danoise, mise sur écoutes, constamment surveillée, n'a plus aucun rapport avec les bouchers d'Outre Rhin.

Mais l'histoire ne pouvait pas durer : l'explosive danoise au passé tumultueux ne peut exister dans l'avenir de John Fitzgerald Kennedy, futur maître du monde américain. C'est en tout cas ce que décide le père du futur président. John ne lui a pourtant rien confié sur sa passion pour la belle blonde. Mais l'ancien ambassadeur, qui connaît bien Hoover, est informé de tout. Il ne dit rien à son fils. Il alerte juste un de ses amis du New York Mirror, columnist, échotier, « peoplelogue » réputé et redouté. L'histoire d'amour qu'il révèle entre une « ancienne nazie » et un bel officier de l'US Navy vaut au jeune homme un transfert immédiat dans une base de Caroline du Sud et un immense chagrin d'amour. Les lettres passionnées des deux amants et les escapades de la blonde auprès de son homme à Charleston n'y feront rien. Le couple se défait. Inga se remariera plusieurs fois, s'installera avec son dernier mari en Arizona, où elle mourra en 1973.

John, lui, partit à la guerre le cœur brisé. Il en revint pourtant héros, et entama son ascension politique. Brûla-t-il alors jamais des feux du même amour qu'il avait pour Inga ? Jackie ? Un mariage de devoir, « pour mon image », avec une jolie femme n'ignorant rien de la quasi-infirmité affective qui prévaut alors chez le futur président, de douze ans son aîné. Lem Billings, l'ami intime de JFK depuis leurs années de « prep school », a mis en garde la jeune femme contre les risques qu'il y a à se frotter à un homme pareil en se disant qu'on va le changer. « John ne changera pas », dit Billings à Jacqueline. Qui ne le croit pas. Un autre ami du Sénateur pas encore Président observera que Jackie n'était « attirée que par les hommes dangereux et aventuriers comme son père Old Black Jack Bouvier [richissime spéculateur de Wall Street de lointaine origine française, flamboyant et dragueur obsessionnel]. Son mariage avec JFK était une évidence freudienne : elle épousait son père. Mais ce qui m'a toujours surpris, c'est que Jackie, si intelligente pour tout le reste, ne semblait se rendre compte de rien ». Ni des femmes qui passent et passeront, comme des poupées gonflables à corps et visage humain, très humain, – même Marilyn Monroe –, figures thérapeutiques au seul service du culte du dieu Priape ; ni de LA femme, Mary, longtemps distante et réservée, bientôt amante, aimante, aimée.

Nul ne sait vraiment quand commença leur belle histoire d'amour. Après tout, ils s'étaient rencontrés et se connaissaient depuis 1936. John avait 19 ans, Mary 16. Après la guerre, la vie les sépara mais sans jamais trop les éloigner. On se souvient de l'épisode de San Francisco, en 1945, la rencontre tendue entre Cord Meyer et JFK sous l'égide de la jeune mariée. Chacun, dès lors, emprunta des chemins plus ou moins proches qui, à l'époque, pour les membres de ce qui ressemblait à une aristocratie du nouveau monde, menaient tous à la Rome impériale du XXe siècle, Washington, ou plutôt à Georgetown.

C'est un soir de printemps, en 1959. Ken Noland et Mary sont toujours ensemble. Mais les histoires d'amour, comme on dit,... « en général... ». Ken veut aller s'installer à New York. La société puissante et riche de Georgetown ne convient pas à son tempérament d'artiste. Il pense qu'il sera plus à l'aise dans la « ville-monde », plus au nord. Mary, elle, ne veut pas bouger. Sa vie est à Washington, auprès de ses amis et de ses enfants. En réalité, elle est en plein mal-être. Elle se dispute souvent avec son ancien mari : querelles à propos de la CIA, au sein de laquelle, dans le sillage d'Allen Dulles et de Jim Angleton, que Mary déteste toujours cordialement, Cord est un personnage important ; tensions à propos des enfants, qui vivent mal le divorce, mais adorent l'ami de leur père, Jim Angleton, leur voisin un peu bizarre qui prend le temps de s'occuper d'eux presque autant que de ses orchidées, de ses poèmes, de ses cannes à pêche, de ses sombres complots que l'on découvrira bientôt.

Sans vraiment se l'avouer, Ken et Mary s'éloignent donc peu à peu l'un de l'autre. Ce soir-là, pourtant, ils sont ensemble pour aller boire un verre chez Tony et Ben Bradlee, sœur et beau-frère de Mary. Comme souvent, le voisin et ami du 3301 N Street est là. Le Sénateur du Massachusetts est en pleine forme. Il est en train de bâtir l'irrésistible machine de guerre qui l'amènera à annoncer sa candidature à la Maison Blanche dans quelques mois, juste après Noël, puis à terrasser le Républicain Nixon. Bien sûr, il est affable avec Mary, et pas seulement parce qu'elle avait accédé à sa demande, quelque temps auparavant, d'héberger une jeune femme « amie » de Kennedy chassée de sa pension de famille parce qu'elle sortait « avec un homme marié ». Ils se connaissent depuis si longtemps. Sans plus.

« Ce soir-là pourtant, il s'est passé quelque chose d'indicible entre eux, racontera Noland. Rien de spécial, en apparence. Juste des regards, et une soudaine jovialité de Mary qui m'a rappelé comment elle était aux premiers temps de nos amours ».

Que se passa-t-il après ? Noland, toujours : « J'avais loué une maison sur Long Island pour quelques semaines pendant l'été pour Mary, mes enfants d'une précédente union, et moi. Pour une raison ou pour une autre, Mary n'est pas venue avec nous. Elle a voulu partir seule dans une petite baraque au bout de Cape Cod, à Provincetown, à quelques encablures seulement du royaume des Kennedy à Hyannis Port ».

Que se passa-t-il à Provincetown ? Mary et John s'y retrouvèrent-ils pour vivre à l'abri de tout et de tous une passion qu'il fallait garder secrète – comme toutes les infidélités précédentes du candidat à la Maison Blanche – sous peine de scandale et de disqualification dans la course à la présidence ? Mary et John ont emporté ce secret-là dans leurs tombes.

Ils en emportèrent d'ailleurs bien d'autres. Mais tous les chercheurs, historiens, témoins disparus de l'époque, s'accordent à reconnaître que Mary Meyer devient à ce moment-là un personnage essentiel de la vie du président le plus mythique de l'histoire des États-Unis d'Amérique.

Les archives officielles de la bibliothèque présidentielle de Kennedy près d'un campus universitaire de Boston gardent quelques traces de cette belle histoire. Car les noms de toutes les personnes qui rentrent à la Maison Blanche doivent être soigneusement consignés dans les registres du Secret Service. Ces registres ne disent évidemment pas tout. Les traces restent discrètes sous la forme de quelques plans de tables lors de dîners officiels à la Maison Blanche avec une liste des invités comprenant « Mrs Mary Meyer, 1523 34th Street NW, Washington DC », en général non accompagnée. Parfois, mention est faite de la présence de Mary en compagnie d'hommes « sûrs » parce qu'ils sont homosexuels, même si aucun, à l'époque, n'est en mesure de faire son coming out. Parfois, les gardes des guérites à l'entrée de la Maison Blanche prennent quelques libertés avec le règlement. « Dave Powers plus one », lit-on aussi parfois dans les registres des premiers temps de la présidence Kennedy, au début de 1961. Bostonien comme JFK, conseiller spécial à la Maison Blanche, Powers était un intime parmi les intimes du Président, gardien imperturbable des secrets du temple. Le 3 octobre, pourtant, un jour sans événement officiel ni privé à la résidence de la Présidence le nom de Mary, seule, figure à 19 h 40 dans le registre des visiteurs du soir. Elle a « rendez-vous avec Evelyn Lincoln », Secrétaire particulière du mari de Jackie, qui est alors à Newport, dans le Rhode Island, avec les enfants. Treize rendez-vous privés et ultérieurs – chaque fois, Jackie est loin de Washington – seront officiellement recensés jusqu'en août 1963. Simples indices d'une relation clandestine qui comptera naturellement beaucoup plus d'étreintes passionnées et volées aux devoirs présidentiels et conjugaux de JFK, dans les quartiers privés de la Maison Blanche, chez Mary même, ou chez le célèbre « columnist » Joseph Alsop, proche du président – et de la CIA –, qui leur prête volontiers sa résidence.

Ils s'aiment comme Kennedy n'a jamais aimé. Probablement parce que Mary a longtemps repoussé les avances du sénateur, qui s'en trouva d'autant plus déterminé à la conquérir et qu'elle en fut émue ; mais aussi et surtout parce qu'elle découvrit derrière le séducteur compulsif un candidat Président hardi, inspiré comme elle le fut toute sa vie par des idéaux qu'il se déclare d'emblée déterminé à mettre au service de « nouvelles frontières » pour l'Amérique. Quoi de plus attirant pour une femme libre, moderne, prête à transgresser les tabous d'une société Républicaine, conservatrice, figée, que ce chevalier blanc qui va séduire le monde ? Et, accessoirement, faire passer les premières mesures attaquant la discrimination sexuelle dans le monde du travail.

Alors, selon tous les récits de cet émouvant scandale qui, longtemps tus, firent discrètement surface, Mary fut non seulement la femme la plus aimée du Don Juan le plus puissant du monde mais aussi la plus écoutée. La journaliste Nina Burleigh raconte par exemple dans sa biographie de Mary, « A Very Private Woman », que, selon l'ancien conseiller du Président Myer Feldman, « Mary faisait quasiment partie des meubles à la Maison Blanche dans les derniers mois de 1962. À la différence de toutes les femmes – et quelques hommes – à qui il demandait de s'éclipser quand un sujet sérieux était discuté dans le bureau ovale, Mary était le plus souvent invitée à rester. Sa proximité avec le Président était telle que certains la considéraient comme une messagère efficace quand Kennedy n'était pas disposé à discuter des affaires de l'État avec eux ».

À la différence de toutes les autres conquêtes du « Commandant en Chef », Mary ne fut donc jamais une simple femme objet pour ce dernier. Sa présence auprès de lui à l'occasion de plusieurs crises majeures est documentée : lors de quelques-uns des épisodes les plus violents des émeutes raciales de l'époque ; pendant la crise des missiles de Cuba avec les Soviétiques ; et même dans les heures suivant le suicide de Marilyn Monroe, quand il fallut gérer des rumeurs sulfureuses sur le rôle réellement joué par JFK puis son frère Robert dans la vie – et la mort ? – de l'actrice.

Mary est prise d'autant plus au sérieux qu'elle baigne toujours dans l'univers sérieux, mystérieux, informé, complotiste, de son ex-mari Cord, à la tête des Opérations Clandestines de la CIA, et de James Angleton, patron du contre-espionnage, l'ami des enfants, qui, pour briller dans les dîners en ville, se vante de connaître tous les secrets d'alcôve des maîtres de Georgetown. Or Kennedy se méfie de ces gens-là, que Mary connaît autant qu'on peut les connaître. Elle peut en parler au Président, le rassurer, le mettre en garde.

Elle n'hésite pas, même, à l'inspirer, à lui parler du « monde meilleur » dont rêvait son père avant qu'il ne sombre dans l'alcool, dont rêvait son ancien mari à la sortie de la guerre, dont elle rêve toujours, elle. Un monde dénucléarisé dans lequel les sommets américano-soviétiques et les accords de désarmement se multiplieraient entre la Maison Blanche et le Kremlin de Nikita Krouchtchev, un petit nerveux que, malgré la crise des missiles de Cuba (dans laquelle le Soviétique fit preuve, à la fin, d'un pragmatisme apprécié), le Monsieur K de la Maison Blanche ne trouve pas antipathique, parce qu'il est malin, rond, et jovial.

Les militants du « flower power » n'ont pas encore déferlé sur Greenwich Village et San Francisco, mais Mary fait partie de cette Amérique qui commence à vibrer à la lecture des poètes et écrivains de la « beat generation », au son des chansons de Woody Guthrie, de Pete Seeger, de Peter Paul and Mary, de Richie Havens, de tant d'autres qui vont bientôt conquérir l'Amérique et qui décèlent chez Kennedy quelques traces de leurs idéaux. On raconte même qu'un jour, Mary apporta quelques joints de marijuana à la Maison Blanche, que les deux amants consumèrent ensemble. Au bout de quelques bouffées, John, hilare, se tourna vers sa compagne.

— Tu te rends compte ? Dans deux semaines, j'organise un séminaire présidentiel pour lutter contre la consommation de narcotiques. Puis il somnola. Se réveilla.

— J'ai faim.

Il s'absenta quelques minutes, revint avec de la mousse au chocolat, et reprit soudain son sérieux.

— Assez ! Imagine que les Russes attaquent, là, maintenant.

Heureusement que le Docteur Folamour n'était pas là.

On ne sait pas trop combien de temps l'affaire dura. Un vrai-faux chevalier servant de Mary lors d'un dîner avec le couple présidentiel à la Maison Blanche raconta que le Président y mit fin une première fois un soir d'hiver, au début de 1963. Cette soirée-là, Mary disparut pendant une bonne heure, racontera le chevalier servant, Blair Clark, vice-président de CBS News, qui avait connu les sœurs Meyer à Paris à l'occasion de leur « ras-le-bol des maris tour » quelques années plus tôt. « Quand je l'ai retrouvée, elle avait l'air défaite et bouleversée, racontera Clark. Les échotiers m'ont dit que l'histoire s'est terminée ce soir-là ». Sans doute à l'initiative de JFK, sursaturé du stress accompagnant les devoirs de ses charges de Président et d'époux bientôt « trahi » à son tour par Jackie. Celle-ci perd un enfant mort-né le 9 août 1963. Un mois plus tard, elle et Jack célèbrent leur dixième anniversaire de mariage dans une ambiance tendue : Jackie est en pleine dépression. Elle a annoncé à son mari qu'elle allait partir en croisière avec sa demi-sœur, Lee Radziwill, qui veut et va lui présenter Ari Onassis. Pour Kennedy, l'armateur grec est un homme « dangereux ». Pas encore parce que l'armateur grec a décidé de séduire Jackie. Mais parce qu'il a de graves ennuis avec la justice américaine dont RFK, « Bobby », est le patron. Tenant tête au Président, Jackie partira quand même sur le yacht de son futur mari.

Or Kennedy, qui commence déjà à songer à sa réélection, ne peut se permettre le moindre scandale. Il faut donc que Mary s'efface. Et celle-ci, aussi bouleversée soit-elle, doit en avoir assez de ces amours clandestines : elle s'accommodera donc de la rupture.

Pourtant, à l'automne 1963, deux mois avant son assassinat, le Président insiste étrangement pour commencer une tournée préélectorale à Grey

Towers, en Pennsylvanie, le fief de la famille Pinchot, toujours active dans la défense des causes de l'environnement et qui a décidé de faire don du domaine à l'United States Forest Service. On y voit le Président auprès d'une Mary radieuse, de sa sœur, de sa mère. Ce qui ne signifie pas que les amants le sont toujours. Car c'est aussi à cette époque que remonte une lettre manuscrite de JFK rendue publique en juin 2016 et qui daterait du début d'octobre 1963, six semaines avant Dallas. Le document, qui semble indiquer que JFK aimerait renouer une liaison dont Mary ne veut plus – n'est-ce pas le président qui y a mis fin ?, et puis, se dit-elle, cet amour n'a pas d'avenir –, est extrait d'une série d'archives vendue ou léguée à un expert par Evelyn Lincoln (morte en 1995), ancienne secrétaire particulière de « Jack ». Elle fut vendue aux enchères à Boston, le 30 juin 2016, pour 89 000 dollars : « Pourquoi ne quittes-tu pas ta banlieue pour une fois, écrit Kennedy à Mary. Pourquoi ne viens-tu pas me voir, ici [la Maison Blanche] ou à Cape Cod, ou à Boston, le 19 ? Je sais que ce n'est pas sage, ni rationnel, mais j'aimerais tant. Tu dis que c'est bien pour moi de ne pas obtenir ce que je veux. Après toutes ces années, tu devrais me faire une réponse plus aimante que cela. Pourquoi ne me dis-tu pas juste oui ? » Evelyn Lincoln raconta qu'elle possédait la lettre parce que le Président n'avait jamais osé l'envoyer à Mary. On ne saura donc jamais ce que celle-ci aurait pu lui répondre, ni ce qui aurait pu se renouer entre eux si JFK avait vécu, avait été réélu, avait quitté Jackie pour Mary...

Joli « pitch » pour une belle et romantique série de télévision. Mais le 22 novembre, à Dallas, au tout début de l'après-midi... On ne sait même pas comment Mary réagit quand elle apprit la nouvelle. Il y a juste une trace d'un appel de sa part à la Maison Blanche, à 17 h 14 – plusieurs heures après la mort du Président – consigné par Evelyn Lincoln, avec un numéro où on peut la rappeler. Comme si elle voulait vérifier, comme si elle doutait encore d'une information que le village mondial tout entier savait avérée depuis longtemps. En tout cas, elle n'est pas avec Ben Bradlee et sa sœur Tony quand ceux-ci vont, le soir venu, au Bethesda Naval Hospital, accueillir Jackie, toujours habillée de son tailleur rose tout souillé du sang de son mari.

Pourquoi serait-elle avec eux, d'ailleurs, parmi les proches de la famille du défunt ? Parce que ni Ben, ni Tony, ne savent rien, alors, de la tendre liaison entre les deux amants. Vraiment ? Vraiment ! Ils ne l'apprendront que plus tard, après que l'enjeu électoral éventuel du scandale de révélations sur la vie privée du Président aura disparu, puisqu'il sera mort depuis près d'un an.

Au moment où Kennedy est assassiné, ni eux, ni personne ne savent rien, à part, sans aucun doute, quelques comploteurs. À part, aussi, quelques gardes rapprochés du défunt président et la poignée de complices de JFK qui l'aidèrent justement à abriter, à cacher, l'affaire.

À part, enfin et surtout, un couple d'amis intimes de Mary, James et Anne Truitt, à qui elle n'a cessé de se confier depuis le début de son histoire. James est journaliste, à Newsweek puis au Washington Post. Plutôt intellectuel, et vaguement alcoolique, il est assez connu comme critique d'art, spécialiste d'arts premiers en provenance du Japon et de Corée. Anne, sa femme, est peintre, sculpteur, peintre de sculptures en bois. Ils ont trois enfants, dont une fille s'appelle Mary, en l'honneur de Mary Meyer, qu'ils adorent tous les deux, dans une relation parfois ambiguë et orageuse – il arrive qu'Anne se plaigne auprès de Mary parce qu'elle trouve que son mari regarde celle-ci trop tendrement – mais le plus souvent profonde, au point que la maîtresse de JFK leur parle en toute confiance. Et que, le 2 mars 1976, dans un article qui paraît au moment où le Congrès crée un « House Select Committee On Assassinations » pour rouvrir l'enquête sur Dallas et remettre en cause les conclusions de la Commission Warren, James Truitt révèle toute l'histoire des amours de Mary et « Jack ». Le National Enquirer, dans lequel il l'écrit, est un tabloïd people de sulfureuse réputation. Mais pour une fois, ce qu'il raconte est documenté, recoupé, vérifié, avéré, confirmé. Il dévoile en particulier un épisode capital de l'histoire, qui nous ramène au 12 octobre 1964.

À ce moment-là, quand Mary est assassinée, James et Anne Truitt sont installés à Tokyo, où James est le correspondant de Newsweek. Mary est morte depuis quelques heures. Ben Bradlee est allé identifier son corps à la morgue. De retour chez lui, au 3321 N Street de Georgetown, Tony et lui sont atterrés, encore sous le choc du cauchemar de l'après-midi. Quelques amis et voisins sont là pour partager ces heures sombres. D'autres téléphonent pour présenter leurs condoléances. Il est tard. Un appel vient de Tokyo. Anne Truitt. À la fois ravagée de douleur et impatiente.

« Tony et Anne pleurèrent ensemble quelques minutes, racontera Ben Bradlee dans ses mémoires. Mais elle avait surtout quelque chose à nous dire ».

— Il faut que vous alliez chez Mary.

— Pour quoi faire ?

— Il faut récupérer son journal.

— Quel journal ?

— Son journal. Son journal intime. Avant que nous partions pour Tokyo, elle m'a fait jurer de le récupérer s'il lui arrivait quelque chose.

— Comment ça, s'il lui arrivait quelque chose ? Que pouvait-il bien lui arriver ?

— Elle est morte, non ? Assassinée.

— Qu'est-ce qu'il y a dans ce journal ?

— Je ne sais pas, moi. Des choses. Des secrets. Allez-y.

Ben et Tony vont chez Mary tôt, le lendemain matin. Dans ses mémoires, parues trente ans plus tard, en 1995, Ben Bradlee raconte. « Tony et moi avons parcouru à pied les quelques blocks qui nous séparaient de la maison de Mary. Comme nous nous y attendions, elle était fermée, mais nous avions la clé. Nous sommes entrés. Il y avait quelqu'un. Jim Angleton qui, à notre grande surprise, finit par nous avouer qu'il cherchait lui aussi le journal de Mary. Nous savions bien entendu qu'Angleton était un personnage à multiples facettes, officiel très haut placé et controversé de la CIA, spécialiste du contre-espionnage. Mais c'était aussi notre ami, et le mari de Cicely Angleton, l'une des confidentes les plus proches de Mary. Quand je lui ai demandé comment il était entré dans la maison, il était fort embarrassé (J'ai appris plus tard que l'un de ses surnoms au sein de l'Agence était "le serrurier", et qu'il pouvait s'introduire dans n'importe quelle maison de la ville s'il le voulait). Nous avons pensé que sa présence était bizarre, pour dire le moins, mais nous l'avons pris au mot, et avons cherché le journal avec lui. Nous ne l'avons pas trouvé. Plus tard dans la journée, nous avons eu une idée. Peut-être le journal était-il sous notre nez, dans le studio où Mary peignait derrière notre maison. Nous n'en avions pas la clé. Mais je me dis que je réussirais à me débrouiller pour entrer avec quelques outils appropriés. Qui avons-nous trouvé là ? Angleton, encore, que nous avons surpris en train de trafiquer la serrure. S'il avait été homme à pouvoir rougir, il serait devenu écarlate. Il s'est enfui sans dire un mot... Tony trouva le journal au bout d'une heure. C'était un petit cahier d'une cinquantaine de pages sur lesquelles Mary avait essayé diverses palettes de couleur et noté comment elle les avait fabriquées et comment elle pourrait les utiliser. Sur quelques pages, une dizaine peut-être, de la même écriture mais avec un stylo de couleur différente, des phrases décrivaient une histoire d'amour dont nous avons vite compris que l'autre protagoniste était le Président, même si son nom n'était jamais mentionné. Dire que nous fûmes abasourdis ne décrirait même pas la surface de notre réaction. Tony, surtout, se sentait trahi, par Kennedy et par Mary... Comme tout le monde, nous avions entendu des rumeurs sur des infidélités présidentielles... Mais le plus souvent, Tony et moi voyions John avec Jackie. Ses activités parallèles ne venaient donc jamais dans les sujets de conversation... Comme Tony, je leur en ai voulu moi aussi de nous avoir abusés. Mais à quoi bon cultiver la rancune, maintenant qu'ils étaient morts tous les deux... Il nous fallut décider quoi faire de ce journal. Comme c'était un document privé, que les instructions d'Anne Truitt étaient de le détruire, c'est ce que nous avons résolu de faire. Le lendemain, Tony a donné le journal à Angleton, qui nous promit de le faire disparaître dans les broyeuses les plus sophistiquées de la CIA... Il se trouve que, pour quelques raisons perverses, Angleton ne le détruisit pas. Nous n'apprîmes cela que quelques années plus tard, un jour où Tony lui demanda à brûle-pourpoint comment il avait procédé pour le déchiqueter. Elle exigea qu'il le rende. Ce qu'il fit. Tony le brûla avec une de ses amies pour témoin »...

Bizarre, pour un journaliste aussi déterminé et friand de « good stories » que l'est Bradlee au moment du meurtre de Mary. Il dirige alors le bureau de Washington de Newsweek et entame à cette époque une irrésistible carrière de pape du journalisme d'investigation. Devenu patron du Washington Post, il animera d'implacables enquêtes sur des documents secrets du Pentagone, le scandale du Watergate, sera à l'origine de tant et tant de scoops qui firent rêver des générations entières de journalistes.

Mais là, rien. Il surprend un « grand » de la CIA en flagrant délit d'effraction au domicile de la maîtresse assassinée du président des États-Unis, et il se contente des balbutiements de ce dernier. Même plus de trente ans après, quand il écrit ses mémoires, alors qu'il sait que l'histoire et le destin du journal intime de Mary Meyer sont beaucoup plus cahoteux et mystérieux que ce qu'il nous raconte, l'empereur du journalisme d'investigation n'en dit pas plus, ne cherche pas à en dire plus, sur cet incroyable épisode.

Il n'en avait de même rien dit quand il avait été témoigner au procès de Ray Crump, l'assassin présumé, on se le rappelle – et acquitté –, de Mary Meyer. Quand le jeune Noir comparaît devant la cour, pourtant, Bradlee a déjà surpris un des hommes les plus importants de la CIA en train d'essayer d'entrer subrepticement au domicile de la victime dans les heures ayant suivi l'assassinat. Mais il n'en a rien dit, ni aux enquêteurs, ni à la Cour.

— Quand vous êtes allé chez Mary Meyer, lui demanda l'avocat de la partie civile lorsque Bradlee témoigna, avez-vous trouvé des objets personnels de la victime autres que ceux liés à ses activités professionnelles ?

— Il y avait son sac, qui contenait des clés, un portefeuille, des produits cosmétiques, des crayons, répondra Bradlee.

— Vous n'avez aucune information pouvant éclairer ou avoir un rapport avec les circonstances ayant pu mener au meurtre de Mary Meyer ? demandera l'avocat de la défense.

— Rien, répondra Bradlee.

Rien sur le journal de Mary. Le droit au respect de la vie privée, celle de l'ancien président des États-Unis et de sa belle-sœur ? Peut-être.

Rien sur Angleton. La loyauté envers un « ami » obsédé par la discrétion nécessaire à ses activités professionnelles ? Cela paraît déjà moins convaincant, au point que certains briseurs de tabous et entailleurs d'icônes ont fini par s'interroger sur la réalité de certains aspects des rapports entre l'homme du Washington Post et la CIA, étrangement tolérant à l'égard d'Angleton.

Quid, en effet, de toutes ces imprécisions à propos du destin de ce journal et du comportement d'Angleton ? Comment Bradlee peut-il ne pas s'interroger vraiment sur les agissements de ce grand ponte de la CIA réputé pour sa minutie et son intelligence et qui, pataud comme un débutant, se fait surprendre par deux fois, alors qu'il tente de s'introduire dans le domicile de la jeune femme assassinée, puis dans son studio d'artiste ? Le mystère sur Bradlee – ses liens réels avec la CIA – demeure.

Le comportement d'Angleton, lui, a son explication probable. Il l'aurait fait exprès, de se faire prendre par Bradlee et Tony. L'hypothèse est que le journal de Mary trouvé par les Bradlee quelques minutes après avoir surpris Angleton n'était pas le seul qu'elle tenait. Angleton, « le serrurier », s'était déjà introduit chez Mary quelques heures à peine après le meurtre. Naturellement sans se faire prendre. Il s'est saisi de tout ce que Mary consignait soigneusement dans un dossier sur ce qu'elle entendait, savait, imaginait, sur la tragédie de Dallas. Elle ne croyait pas, on l'a vu, aux conclusions de la Commission Warren. Elle s'en ouvrait sans trop se cacher auprès de tous ses vrais et faux amis de Georgetown dont beaucoup opéraient dans les cercles du pouvoir et des services secrets. Selon certains, elle collectionnait articles et documents sur la tragédie, elle rédigeait des notes et des questions compromettantes, elle consignait des confidences dans un dossier qui, officiellement, ne fut jamais trouvé. [Officieusement, c'est une autre histoire].

Dès lors, Angleton fera exprès de se faire prendre par les Bradlee, sachant très bien qu'ils allaient trouver « un » journal et se contenter de ce journal, alors que lui était déjà intervenu, en pleine nuit, pour prendre possession du dossier explosif de Mary sur Dallas. C'était celui-là, bien entendu, qui l'intéressait, qu'il craignait parce qu'elle s'apprêtait à révéler ce qu'elle savait ou soupçonnait de ses criminelles turpitudes ?

Impossible ? Allons donc ! Angleton, qui s'intéressait à la vie privée de Kennedy avant qu'il ne devienne président, s'était vanté auprès de quelques amis choisis d'être en mesure de mettre sur écoutes n'importe quelle résidence de Washington, dont celle de Mary Meyer, qu'il avait nommément mentionnée. En outre, il était souvent chez elle : les enfants de Mary et Cord – son meilleur ami – l'adoraient. Il pouvait donc très bien savoir – il savait puisque Mary n'en faisait guère mystère – qu'elle couinait et fouinait depuis le 22 novembre 1963, onze mois auparavant, et plus encore depuis la publication du rapport Warren. James Jesus Angleton n'aimait pas cela. Il n'aimait pas du tout cela.

* * *

Il était né en 1917, dans l'Idaho, d'un père ancien officier de cavalerie qui avait servi dans les troupes du Général Pershing lors de l'opération américaine contre Pancho Villa, en 1916, pendant la révolution mexicaine. C'est là qu'il avait rencontré et aimé une jeune Mexicaine de 18 ans, Carmen Mercedes Moreno, belle et pieuse (d'où le second prénom, Jesus, de James). L'ancien officier est entreprenant, et entrepreneur. Il travaille dans l'Ohio pour une de ces vieilles et prestigieuses entreprises américaines, la National Cash Register, qui fabrique et distribue ces belles machines à tiroirs-caisses que les bandits fracassent dans les westerns ou les films de gangsters. Quand Jim a 14 ans, la famille s'installe à Milan : son père a acheté l'usine italienne qui fabrique les caisses enregistreuses et crée bientôt sa propre entreprise.

Le jeune James passe ses étés dans des colonies de vacances de Haute-Savoie, fréquente des écoles privées plus snob que snob en Angleterre. Le demi-chicano qu'il est apprend, adopte, perfectionne alors les bonnes manières de la haute société britannique, revient aux États-Unis, entre à Yale en 1937, à la célébrissime Harvard Law School en 1941, rencontre la belle et riche Cicely d'Autremont – Américaine, diplômée de Vassar, comme Mary –, s'engage dans l'armée en 1943, et se retrouve vite agent de l'Office of Strategic Services, OSS, où l'a précédé son aventurier de père. C'est à Londres qu'il développe ses premiers talents dans le contre-espionnage. Il est tellement bon qu'au bout de six mois, en octobre 1944, il devient chef du bureau de l'OSS en Italie. Les fascistes s'écroulent, les nazis battent en retraite, les communistes grandissent : James excelle à surveiller tout ce petit monde, à monter des opérations pour l'infiltrer, le menacer, l'abattre. La nuit, il fume, lit et écrit de la poésie, rampe sous les meubles pour détecter d'éventuels systèmes d'écoute chez lui, en installer chez les autres. Quand il sort, grand et sec, le teint presque cadavérique, il s'habille de longs manteaux et de chapeaux, comme s'il voulait à tout prix ressembler à une caricature d'espion qui va au froid, ou en revient. Il a tout de même pris le temps de faire un enfant à Cicely, né en août 1945. Même si Cicely et l'enfant sont retournés en Amérique, James se porte volontaire pour retourner en Europe à la fin de la guerre. Il y passe deux ans, sans voir ni femme ni enfant. Mais le couple durera cahin-caha quelques décennies, avec pour meilleurs « amis » Cord et Mary Meyer.

Dès ses années au sein d'OSS, il a rencontré et aimé Allen Dulles, lui aussi actif en Europe pendant la guerre, lui aussi sans scrupule au point de ménager et d'engager dans ses réseaux de lutte contre le « péril rouge » d'anciens assassins au service du nazisme. Cette amitié avec Dulles, cette hantise que les deux hommes – et bientôt Cord

Meyer – partagent, que la guerre froide ne tourne à l'avantage de l'Empire soviétique scellera entre eux des liens obsessionnels et une allégeance indéfectiblement marmoréenne. Nommé Directeur de la CIA en 1953, Dulles confie très vite à Angleton la direction du service de contre-espionnage.

Dans les années 1950 et au début des années 1960, ces trois hommes – Dulles, Angleton, et Meyer – et quelques autres du même acabit – Richard Helms, futur Directeur, Frank Wisner... SONT la CIA, gouvernement clandestin qui, dans le monde entier, corrompt, « propagandise », complote, condamne, renverse, fait renverser, fait tuer, tue. La Maison Blanche n'est pas toujours au courant de tous les détails. Mais Eisenhower laisse largement la bride sur le cou à Dulles et à ses hommes parce qu'ils défendent et développent la puissance américaine partout dans le monde. Le grand écrivain et journaliste David Halberstam (auteur, entre autres, du célèbre « The Powers that Be », une analyse du pouvoir politico-médiatique aux États-Unis dans les années cinquante et soixante) décrira la montée du pouvoir de la CIA comme le symbole de « la transformation de l'Amérique isolationniste en colosse impérial. Une vraie démocratie n'avait nul besoin d'un aussi gigantesque appareil de services secrets pour assurer sa sécurité, un empire, oui... Un État opaque s'est alors développé dans les entrailles d'un État ouvert ». Une véritable machine infernale dirigée par des hommes tous décrits comme proches de l'autisme affectif par leurs familles, leurs femmes, leurs maîtresses, leurs amis, leurs agents, leurs correspondants honorables ou pas, et dont la culture est le cynisme absolu élevé au rang d'impératif catégorique. La culture du meurtre, de la banalisation du meurtre, en tout cas de l'élimination brutale de tous les obstacles, est leur moteur pour faire avancer leur idéologie impériale. Quelques jours avant de mourir, en 1987, terrassé par les montagnes de cigarettes et les hectolitres de whisky consommés pendant toutes ses années dans l'ombre, Angleton se permit des confidences à Joseph Trento, un journaliste spécialisé dans les affaires de renseignement en qui il avait confiance. « En dehors de notre duplicité, lui dit-il à propos des grands maîtres de l'espionnage américain, la seule chose que nous partagions était une volonté de pouvoir absolu. J'ai commis ou fait commettre des actes que, au soir de ma vie, je regrette. Mais j'étais au cœur du véritable pouvoir, et j'adorais cela... Si vous étiez dans une pièce avec ces gens-là, vous ne manquiez pas de vous dire qu'ils méritaient tous de finir en enfer. Je crois que je vais bientôt les y rejoindre ».

En Iran (Mossadegh), au Guatemala (Arbenz), en Indonésie (Suharto), au Congo (Lumumba), à Cuba (Castro), en Indochine (cibles multiples)... sur tous les champs de batailles de la guerre froide, la CIA de Dulles, d'Angleton, et de quelques autres impose sa volonté de pouvoir absolu. Les « puissants » peuvent, doivent être écrasés, balayés, s'ils se retrouvent en travers des voies royales et supérieures de « l'imperium » démocratique.

Les petits, les « innocents » peuvent l'être aussi, sans hésitation, par exemple ces victimes de multiples expériences de drogues plus ou moins au point administrées à des cobayes involontaires pour voir, pour imaginer, pour rêver, pour « cauchemarder » comment on pourrait contrôler le comportement des individus et des peuples. Les Russes le font aussi, bien sûr, mais est-ce vraiment une raison ? Des citoyens américains innocents, cobayes involontaires, sont morts de cela lors du développement et de l'application du programme MKULTRA, acronyme créé d'après le sigle MK, qui désigne les « services techniques » de l'Agence, ULTRA étant le niveau le plus élevé de confidentialité des activités de la CIA. C'est Dulles qui, au début des années cinquante, décide du lancement du programme de ces recherches, auxquelles il consacre 6 % du budget de son administration. Des contrats sont passés avec quelques compagnies pharmaceutiques, dont Eli Lilly (qui fabrique aujourd'hui le Prozac) pour la fourniture de cargaisons de LSD, de pentothal, de mescaline, de psilocybine, de scopolamine, de morphine, de toutes sortes de substances hallucinogènes ou paralysantes destinées à mettre au point des procédures de contrôle ou de manipulation des cœurs et des esprits. Dans des universités, des hôpitaux, des instituts de recherche, des prisons, au sein même de l'Agence (au total, quatre-vingts institutions sont concernées) des savants qui ne sont pas tous des fous froids et criminels multiplient les expériences pour manipuler ou altérer – sans aucune espèce de contrôle extérieur indépendant – les fonctions mentales et cérébrales de milliers de sujets. Dans la paranoïa galopante qui s'est emparée du « jouet » d'Allen Dulles en ces temps d'implacable guerre froide, il s'agit de mettre au point des moyens « modernes » et infaillibles de provoquer des lavages de cerveaux ennemis ou, au contraire, de permettre aux esprits amis capturés par l'adversaire d'y résister. Comment déclencher la confusion mentale chez un sujet sain ? Comment entretenir la dépendance d'un être humain par rapport à un autre ? Comment le maintenir sous hypnose et lui inspirer sa conduite ? Comment le faire parler contre sa volonté ? Voilà quelques-uns des 149 sous-projets définis par la CIA (et formellement interdits, naturellement, par toutes les lois et conventions nationales et internationales régissant « l'art de la guerre »). De là à penser que certains actes pas complètement élucidés ni compris trouvent justement leur explication dans l'existence de MKULTRA et de ses « trouvailles » sur la manipulation de nos semblables, nul besoin d'être dangereusement conspirationniste pour, au moins, se poser la question.

On dira que tout cela appartient largement au domaine de la science-fiction. De la fiction tout court. Celle du « Manchurian Candidate » par exemple (en français, « Un Crime dans la Tête »), un roman de 1959 adapté deux fois au cinéma avec Frank Sinatra en 1962, Denzel Washington et Meryl Streep en 2004. Le roman raconte l'histoire de quelques soldats américains capturés par les communistes pendant la guerre de Corée et emmenés en Mandchourie où, à l'aide de diverses drogues sorties tout droit des manuels de savants diaboliques, ils sont programmés pour croire que l'un d'eux a sauvé la vie des autres dans le combat qui a précédé leur captivité. Bientôt libérés, et de retour aux États-Unis, où le « sauveur » devient héros national et agent des services de renseignements, deux de ces soldats se mettent à cauchemarder que ce dernier a, en fait, assassiné deux de leurs compagnons en Chine. Ils découvrent bientôt que leurs cauchemars sont la réalité. Le héros national est, de fait, un agent dormant des communistes, son « âme » d'assassin ayant été programmée pour passer à l'action à la vue d'une carte – la Dame de Carreau. Dans une espèce de transe inconsciente, il fait alors ce que ses agents traitants lui commandent, en l'occurrence tenter d'assassiner le favori de l'élection pour la Maison-Blanche. Puis il revient à la « réalité ». Il oublie tout. Jusqu'à sa prochaine mission.

Voilà une histoire qui, si elle fait des « Rouges » les coupables, est une illustration parfaite des travaux théoriques et pratiques ordonnés par Allen Dulles à ses hommes au prix de dizaines de millions de dollars et de nombreux crimes impunis. Bien des mystères demeurent sur l'ampleur et les résultats de MKULTRA. Car longtemps après Dulles, quand les turpitudes de sa CIA commencèrent à s'ébruiter et que le Congrès entreprit de commencer à creuser le sujet[1], le Directeur Richard Helms ordonna en 1973 que l'on passe à la broyeuse tous les documents afférents, dissimulant ainsi des monceaux de secrets. L'erreur de quelques bureaucrates ayant classé des dossiers aux mauvais endroits permit aux investigateurs d'en découvrir quelques aspects. Quelques aspects seulement.

Difficile, donc, de tirer des conclusions définitives sur l'utilisation de ces effrayantes techniques de manipulations mentales dans « la vraie vie ». Ce qui ne doit pas empêcher de souligner que Lee Harvey Oswald fut posté sur une base japonaise où la CIA mena de telles expériences quand il était chez les Marines. Mêmes interrogations pour deux ou trois suicides étranges à des moments étranges – on le verra – de la vie

1. C'est à cette époque-là, aussi, que William Colby, patron de l'Agence, révèle le développement de quelques autres armes extraordinaires développées par la CIA, comme le pistolet qui tire des pilules indétectables déclenchant une crise cardiaque fatale pour la cible choisie.

de quelques êtres obsédés par les mystères de Dallas.

En tout cas, MKULTRA a fait des dégâts. Et des morts. Nourris, sans le savoir, de toutes sortes de poisons, certains craquent, sombrent dans la démence, et pas seulement aux États-Unis. L'une des hypothèses expliquant la fameuse affaire du pain empoisonné de Pont-Saint-Esprit, dans le Gard, en 1951 – cinq morts, des dizaines d'internements dans des hôpitaux psychiatriques, des centaines de malaises – est liée à une des expériences de MKULTRA. Nos compatriotes auraient été empoisonnés à la suite d'un arrosage aérien de LSD par un service de la CIA désireux d'étudier l'effet de cette substance nouvelle sur des populations intoxiquées par surprise. En tout cas, l'un des animateurs de ces expériences, Frank Olson, en mourut en 1953, suicidé pour les uns parce qu'il en avait des remords ; assassiné pour les autres parce qu'il en avait trop parlé. On le retrouva un jour au pied de son hôtel à New York, quelques étages au-dessous de la fenêtre ouverte de sa chambre.

* * *

Voilà, dans les années cinquante et au début des années soixante, ce qu'est la CIA de Dulles, d'Angleton, de Meyer : elle se veut « gouvernement clandestin » du monde. Impitoyable. Ne reculant devant rien. Ne reconnaissant pas de frontières, ni morales, ni géographiques. Ses terrains de jeu, de chasse, d'expérimentations, ses champs de bataille, incluent aussi les pays « amis ». Ne dit-on pas que lors de son célèbre voyage à Paris, en mai 1961 – « Je suis celui qui accompagne Jackie Kennedy » –, JFK s'excusa auprès du général de Gaulle du rôle d'assistance joué par la CIA, à l'insu de la Maison Blanche, dans la tentative – ratée – de putsch d'un « quarteron de généraux en retraite » et d'une partie de l'armée française menés par Maurice Challe et Raoul Salan quelques semaines plus tôt ? L'Algérie doit rester française, ont décidé Dulles et ses sbires. Il faut donc abattre de Gaulle, mais sans en parler à Kennedy, suspect de tolérance à l'égard des mouvements de libération nationale en général, en Algérie en particulier.

Angleton causera d'ailleurs bien des ennuis au général, dans une de ces opérations extraordinaires qu'il faut raconter pour comprendre dans quel contexte opérait cet étrange personnage et quel rôle bizarre – suspect ? – il a joué dans le destin d'un homme qui en savait long – trop long – sur l'homme qui tua Kennedy, Lee Harvey Oswald. On comprendra, ainsi, de quoi le démiurge est capable.

Au commencement, il y a Golitsine, Anatoli Golitsine. Un fonctionnaire du KGB de 35 ans qui « choisit la liberté » en 1961. Il est un peu après 18 heures, un jour de décembre. Frank Friberg, chef de station de la CIA à Helsinki, se prépare tranquillement pour aller à un cocktail mondain chez un compatriote. On sonne. Friberg s'essuie rapidement le visage – il était en train de se raser – descend promptement au rez-de-chaussée.

— Savez-vous qui je suis ? demande le visiteur à l'Américain.

Dans l'obscurité de la nuit finlandaise, Friberg ne distingue pas bien les traits de l'homme accompagné d'une femme et d'une fillette de 7 ans. Il hoche la tête.

— Je suis Anatole Klimov.

Friberg fait entrer les visiteurs du soir et referme la porte. Vite. Ses dossiers, et sa mémoire, sont à jour. Il sait que Klimov est un faux nom et Golitsine, son vrai nom, un faux vice-consul.

— Que voulez-vous ?

— L'asile politique aux États-Unis.

— Pourquoi pas ? Quelles sont vos exigences ?

— Quitter le pays au plus vite. Tous les trois. Dans le prochain vol pour Stockholm. Il part à 20 heures. Je ne demande rien d'autre.

Friberg n'ira pas au cocktail. Le temps de prévenir Washington et son collègue de la CIA à Stockholm, ils foncent à l'aéroport où ils embarquent dans l'avion sans encombres cinq minutes avant le décollage.

Golitsine n'est qu'un fonctionnaire de niveau moyen au sein des services de renseignement soviétiques. Il sait cependant deux ou trois choses. Avant d'être posté à Helsinki, il était, à Moscou, chargé de faire des synthèses des documents sur l'OTAN envoyés par les sources du KGB de l'étranger. Il est donc en mesure de mettre ses nouveaux patrons sur la piste du Français Georges Pâques, chef adjoint du service de presse du quartier général de l'OTAN – alors à Paris –, agent soviétique depuis 1943. [Démasqué, Pâques sera condamné à perpétuité mais gracié au bout de sept ans, en 1970, par le Président Pompidou].

Son plus beau fait d'armes, si l'on peut dire, sera cependant de gagner la confiance d'Angleton, qui s'empresse de mettre le grappin sur le transfuge et d'en faire l'un de ses principaux complices, au sens le plus veule du terme.

Les deux hommes partagent la même conception, la même obsession de la faiblesse, de la mollesse, de l'infinie vulnérabilité de l'Occident face aux Soviétiques. Quand Golitsine débarque à Washington, Angleton est même persuadé depuis longtemps que la « division soviétique » de la CIA est totalement impuissante pour contrer la menace. En outre, l'agence américaine de renseignements se trouve déstabilisée par le départ récent d'Allen Dulles, que John Kennedy vient de chasser de son poste après la débâcle de la Baie des Cochons. Son successeur, John McCone, un industriel de bonne réputation, président du Commissariat à l'Énergie Atomique, n'a pas l'expérience accumulée par Angleton au cours de toutes ses années au sein de l'OSS puis de la CIA. Le voici donc à l'affût de toutes les occasions pouvant lui permettre d'affirmer son autorité. La voie est libre pour Angleton, qui apporte Golitsine sur un plateau à ce directeur qui, lui, cherche des moyens d'imposer sa voix dans ses nouvelles fonctions et la nouvelle Administration. Dès lors, le tandem Angleton-Golitsine va faire la pluie et le beau temps à Langley. Et des dégâts.

D'abord, avec les encouragements d'Angleton, Golitsine exige, et obtient, d'avoir un accès privilégié et direct auprès du grand patron. Il méprise les « experts » de la soviétologie, surtout ceux qui parlent Russe – ils doivent tous être suspects de sympathies pour le Kremlin – et même les cadres supérieurs de l'Agence. Demande à voir le Président Kennedy, à la rigueur son frère Robert, en tête-à-tête. Réclame 15 millions de dollars pour mettre en place une structure dont l'objet serait de renverser le régime soviétique et le KGB. Angleton est son mentor imperturbable, s'en allant répétant que le transfuge doit être écouté quand il ressasse ses rengaines sur la pénétration généralisée, par les Russes, de tous les services de renseignements occidentaux. Mises à part ses informations qui permettent de mener à Georges Pâques, Golitsine ne donne pourtant guère d'indices utilisables ni d'informations précises. Il finit par fatiguer tout le monde.

De plus, Angleton subit un coup terrible qui le laisse – provisoirement – groggy et, soudain, vulnérable. Le 23 janvier 1963, Harold Kim Philby, qui avait été le représentant des services secrets de Sa Majesté à Washington de 1949 à 1951, prend le chemin inverse de Golitsine et fait défection à Moscou. Il était soupçonné, depuis la trahison de Donald MacLean et Guy Burgess en 1951, d'appartenir lui aussi au célèbre réseau des « 5 de Cambridge ». Il avait dû quitter le service, et se reconvertir comme journaliste. Mais le Premier Ministre lui-même Harold McMillan, avait fini par le laver de tout soupçon. Jusqu'à ce que, correspondant de presse à Beyrouth, se sentant traqué, harcelé par un ancien collègue du MI6 en poste au Liban, il disparaisse et réapparaisse six mois plus tard à Moscou. Or le grand, l'invulnérable, l'invincible chasseur d'espions James Jesus Angleton avait fait partie des plus beaux scalps de la carrière du traître Philby. Quand ce dernier avait été en poste à Washington pour le « British Intelligence », il avait Angleton pour meilleur ami. Les deux hommes s'étaient connus et déjà abondamment fréquentés pendant la guerre à Londres. Quand ils s'étaient retrouvés à Washington, l'Anglais, agent de liaison des Britanniques auprès de la CIA, trouva cette amitié très utile. « Nous avions développé cette habitude de déjeuner une fois par semaine, écrira-t-il dans ses mémoires, chez Harvey's [un restaurant aujourd'hui disparu de Connecticut Avenue, à côté de l'hôtel Mayflower, au centre de Washington]… C'était un des hommes les plus maigres que j'ai jamais connus et l'un des plus gros mangeurs... Je suis sûr que nos rencontres étaient inspirées par une authentique amitié. Mais nous avions tous deux d'autres motifs. Pour ma part, j'étais plus que ravi de l'embobiner. Plus la confiance existait entre nous, moins il pouvait soupçonner mon action clandestine. Difficile de dire lequel des deux gagnait le plus à ce jeu compliqué. Mais j'avais un énorme avantage. Je savais ce qu'il faisait pour la CIA, il savait ce que je faisais pour le Secret Intelligence Service. Mais il ne savait rien de la vraie nature de mon allégeance »...

Pour la première fois, sans doute, de sa carrière, Angleton se retrouve affaibli, touché, humilié. On ne le regarde plus tout à fait de la même façon dans les couloirs de la CIA, les restaurants, les salons et les bars de Washington où il se retrouve souvent très imbibé. Mais toujours lucide. En bon connaisseur des vieux adages stratégiques, l'Américain, doté de l'immense patience nécessaire à ses deux loisirs préférés – l'élevage d'orchidées et la pêche à la ligne – sait se faire discret quand il le faut. Il sait aussi que « ce qui ne vous tue pas vous rend plus fort ». Ou plus fou. Alors, il change de front. Avec son équivalent patron du contre-espionnage britannique, il organise le transfert de Golitsine à Londres. Il faut dire que les services secrets britanniques sont en pleine capilotade. On murmure alors que les « 3 de Cambridge » seraient en réalité cinq [les deux autres,

Anthony Blunt et John Cairncross, seront démasqués beaucoup plus tard]. Et puis, deux ans plus tôt, il y avait eu l'affaire Blake, George Blake, du nom d'un agent du MI 6 en poste à Berlin identifié par un transfuge polonais comme espion à la solde de Moscou. Il faut se souvenir aussi de l'affaire John Profumo, la même année. Ministre de la Défense, il est tombé amoureux d'une jeune fille de 19 ans, Christine Keeler, qui se trouve être aussi la maîtresse du Capitaine Yevgeny Ivanov, agent des services de renseignements de l'Armée Rouge, le GRU. Bref, imagine Angleton, pourquoi ne pas prêter Golitsine aux Anglais pendant quelques mois pour qu'il analyse les vulnérabilités du royaume ? Quatre mois, exactement, qui suffisent au Russe et à l'Américain pour mettre dans la tête de quelques responsables britanniques, sans le moindre indice factuel, que Harold Wilson, futur Premier Ministre, Sir Roger Hollis – patron des Services –, et Graham Mitchell – son adjoint –, sont des taupes soviétiques infiltrées au cœur du pouvoir, et que Hugh Gaitskell, alors leader des Travaillistes, mort d'une maladie sanguine rare en janvier 1963, a été en réalité assassiné par le Département 13 du KGB, chargé des « wet operations », c'est-à-dire des meurtres. Autant d'affirmations examinées, décortiquées, ridiculisées, atomisées, et finalement qualifiées de bobards par les gens sérieux.

Cela n'empêche pas Golitsine et son fieffé mentor Angleton de continuer leurs basses besognes. Le Russe revient à Washington. Beaucoup, au sein de la CIA, se demandent pourquoi et comment on continue de le prendre au sérieux. Mais les maîtres du monde de l'espionnage ont ceci d'extraordinaire qu'ils peuvent rendre vraisemblable, et même crédible, l'inimaginable. De la race de ceux qui osent tout, sorte de tonton flingueur intello, Angleton est pourtant très intelligent. Obstiné et rusé, en tout cas. Et le chef du contre-espionnage américain qui, avant de devenir semi-paranoïaque, a fait ses preuves dans cet univers, reste inflexible : toutes les attaques contre lui et son protégé sont des éléments de preuve supplémentaires ; ceux qui les portent sont au mieux des « idiots utiles », au pire des « agents d'influence », de l'Union Soviétique déterminée à miner l'Occident de l'intérieur.

En outre, c'est la hantise de tout responsable de service de renseignement : apprendre un jour que l'ennemi est tapi chez vous pour voler vos secrets. Alors, si Angleton ose tout, on n'ose rien contre Angleton. Ni quand le transfuge et lui entreprennent d'affirmer que le divorce entre l'Union Soviétique et la Chine de la fin des années cinquante n'est qu'une ruse destinée à tromper l'Occident. Ni quand ils prennent pour cible la France, son service de renseignements (encore appelé le SDECE), l'entourage de de Gaulle.

L'histoire, romancée par Leon Uris dans « Topaze » et cinématographiée par Alfred Hitchcock dans « L'Étau », est celle du supposé réseau Saphir, une escouade d'agents soviétiques comparés par le KGB à des pierres précieuses, d'où le nom du groupe. Ils seraient infiltrés dans les services de renseignement français et même dans le gouvernement du Général. Comme il fera en Angleterre, et sans donner de détails, Golitsine a affirmé à Angleton que la France est minée de l'intérieur par ces espions. Angleton n'hésite pas une seconde, ne vérifie rien, mais s'en va trouver son nouveau patron John McCone, à qui il suggère de demander à Kennedy d'alerter de Gaulle. Du coup, le Général accorde un rendez-vous au chef de station de la CIA à Paris, qui lui remet une lettre de JFK. De Gaulle grommelle – le vieux militaire s'est toujours méfié de ces gens de l'ombre qu'il ne considère, au mieux, que comme de vulgaires auxiliaires de l'armée. Mais le message est de Kennedy lui-même. La mise en garde est donc prise au sérieux par le Président français, qui dépêche à Washington le Général Jean Louis du Temple de Rougemont, chef de la Division du Renseignement au Secrétariat Général de la Défense Nationale. Celui-ci rencontre Golitsine en secret (Philippe Thyraud de Vosjoli, représentant du SDECE à Washington n'en est même pas informé). Il est impressionné par le bagout du transfuge russe et par le tuyau qu'il lui donne, qui permettra de remonter à Georges Pâques. Rien de ce que dit Golitsine ne concerne précisément un quelconque ministre ou haut fonctionnaire au service de de Gaulle. Mais ses affirmations péremptoires agrémentées de quelques anecdotes sur son passé au KGB suffisent pour convaincre de Rougemont d'envoyer une délégation de six agents du SDECE et de la DST s'entretenir avec Golitsine et Angleton. Ils s'envolent munis de multiples dossiers secrets – une quarantaine ? – sur des militaires, des hauts fonctionnaires du renseignement ou pas, sur Jacques Foccart, et même l'ancien ambassadeur à Moscou devenu ministre (et négociateur des accords d'Évian sur l'Algérie) Louis Joxe. Comme s'ils entretenaient des doutes sur ces personnages. Golitsine et Angleton, qui n'en demandaient pas tant, se nourrissent tout naturellement de ces dossiers sur ces hommes que Paris, forcément, soupçonne ; sinon, pourquoi apporter ces documents qui les concernent ? Alors, le transfuge et le contre-espion foncent sur ces proies qu'on leur sert sur un plateau bleu-blanc-rouge. Ils se saisissent d'approximations forcément recelées par de tels dossiers ; ils enjolivent des détails sortis de leurs contextes, des bavardages ambigus, des rumeurs, les nourrissent de leurs propres expériences vécues au sein des services secrets à Moscou et à Washington. Résultat : les numéros 2 et 3 et le chef du contre-espionnage du SDECE – l'équivalent d'Angleton à la CIA – se retrouvent soupçonnés. Ce ne sont pas les seuls. Plus les Français eux-mêmes fournissent des documents à Washington et plus Golitsine et Angleton suggèrent à Thyraud de Vosjoli des noms de suspects à transmettre à la Piscine, où l'on finit par se dire que les chasseurs d'espions de Langley abusent de leur bourbon favori puisqu'on ne trouvera aucun élément probant permettant d'inquiéter les vrais-faux suspects. Les Pieds Nickelés rejoignent alors les Tontons Flingueurs dans cette aventure rocambolesque qui serait presque comique si l'homme du SDECE à Washington, Thyraud de Vosjoli – messager qui semble excessivement prompt à transmettre de mauvaises nouvelles et à contribuer à la déstabilisation du service – ne se retrouvait pas lui-même dans le collimateur de ses patrons français. Trop proche des Américains, commence-t-on à le trouver, à un moment où la France gaullienne ne jure que par sa sacro-sainte indépendance par rapport à l'allié transatlantique. Vosjoli commence même à craindre pour sa vie, au point qu'il décidera de passer secrètement dans l'autre camp – la CIA. Il aidera un jour, ou plutôt une nuit, Angleton, à s'introduire dans l'ambassade de France pour photographier toutes sortes de documents, dont les codes utilisés pour communiquer avec Paris, et de précieux télégrammes sur la diplomatie française alors que de Gaulle tendait à s'éloigner de Washington. La CIA et les services français ne se parleront plus pendant trois ans.

* * *

Ainsi vivent, et meurent, les piliers de notre histoire, dans un monde de complots et de trahisons, de manipulateurs, d'assassins et d'assassinats : Mary Meyer, la femme tuée au bord d'un canal de Georgetown dans ce qui fut et demeure le « cold case » le plus fascinant de l'histoire des États-Unis d'Amérique ; son ex-amant, JFK, abattu à Dallas ; l'ex-époux de Mary, Cord, pilier de la CIA ; son chef, Allen Dulles, grand maître du gouvernement impitoyable et clandestin de l'univers qu'est devenue l'agence américaine de renseignements ; James Jesus Angleton, démiurge mystérieux et sans scrupule, faux ami et ennemi de tout le monde, capable de déstabiliser les gouvernements alliés de France et de Grande-Bretagne…

Capable de tout ? Coupable, même, de complicité dans le coup d'État contre Kennedy ? Coupable d'avoir trempé dans le meurtre de Mary Meyer, la femme qui en disait trop et trop fort sur le meurtre de son amant-président ? Parce qu'elle savait ce qui se racontait dans les milieux de son ex-mari, de ses amis, de la Maison Blanche, et qu'elle le consignait dans un dossier qu'Angleton trouvera et cachera.

* * *

Le 20 janvier 1964, deux mois après l'assassinat de Kennedy, un nouveau transfuge soviétique passe à l'Ouest. Il a 37 ans. Cela fait dix-huit mois que le lieutenant-colonel du KGB, Youri Nosenko, a pris contact avec la CIA pour la première fois, à Genève. Fils d'un ingénieur naval ukrainien qui deviendra ministre de la marine de Krouchtchev et d'une femme issue de la noblesse prérévolutionnaire qui l'incitera à se plonger dans les grands classiques étrangers, le jeune homme étudie à l'Institut des Relations Internationales de Moscou. Apprend l'Anglais. Prend des cours sur l'histoire, la culture, la politique américaines. Et se retrouve très naturellement dans les services de renseignement de la Marine soviétique, puis au KGB.

Nous sommes au milieu des années cinquante. Sa mission : surveiller – parfois recruter – les diplomates, journalistes, professeurs, et même touristes, américains et britanniques, en poste ou de passage sur le territoire soviétique. En 1962, le voilà promu capitaine et chef adjoint d'un département de la DST locale. Il est aussi et surtout le protégé et compagnon de vodka du Général Oleg Gribanov, le patron du service en question. C'est pendant une conférence sur le désarmement, à Genève – il est là pour surveiller et protéger les délégués soviétiques – qu'il initie les contacts avec la CIA, au printemps 1962. À l'époque, il ne veut pas quitter Moscou. Trop risqué pour sa femme et sa fille. Mais il abhorre le communisme. Il veut servir le monde libre. Son travail est superbe. Il décrit en détail comment les Soviétiques n'ignorent rien de ce qui se passe au sein de l'ambassade des États-Unis en Suisse et comment la sécurité est assurée au sein de l'ambassade de l'URSS ; il désigne les fonctionnaires susceptibles d'être retournés comme lui. Il révèle que, dès 1952, le KGB avait recruté un cryptographe chargé du codage des communications avec Washington à l'intérieur même de l'ambassade américaine à Moscou, que l'homme avait été, depuis, transféré à la NSA et qu'il devait poursuivre ses coupables activités. Il raconte comment les femmes de ménage russes employées par l'ambassade US à Moscou saupoudrent les costumes des diplomates et agents d'une poussière invisible que l'on retrouvait sur les correspondances codées qu'ils envoyaient, incognito, à leurs contacts soviétiques, que l'on pouvait donc identifier comme traîtres. Et comment les semelles des agents de la CIA étaient enduites d'un produit indétectable, sauf par les chiens qui pouvaient suivre la trace de l'agent ennemi quand il allait déposer documents, consignes, commandes, pour ses complices locaux dans des « boîtes aux lettres mortes ». À la différence de Golitsine, Nosenko donne des informations précises, étayées, avec des détails exploitables. C'est grâce aux chaussures piégées d'un homme de la CIA, raconte-t-il, que le KGB a pu arrêter le Lieutenant-Colonel Petr Popov, officier de haut rang du GRU (services de renseignement militaires), informateur de Langley.

Nosenko fournit aussi aux Américains l'emplacement exact des cinquante-deux micros installés par le KGB dans leur ambassade à Moscou. Il identifie comme espion soviétique le sergent de l'US Army Robert Lee Johnson, en poste dans une base secrète près de Paris par laquelle transitaient toutes les communications entre le Pentagone et l'armée en Europe. Johnson photographiait les câbles, qui se retrouvaient sur le bureau de Krouchtchev. Il sera condamné à 25 ans de prison en 1965. Nosenko dénoncera enfin comme agent double un de ses compatriotes, Boris Belitskiy, patron du service en Anglais de Radio Moscou, que la CIA avait cru recruter alors que Belitskiy se régalait à la désinformer.

Nosenko retourne à Moscou le 15 juin 1962 après ces premiers contacts fructueux avec la CIA. Il répète qu'il veut y rester, et prévient ses nouveaux amis qu'il n'est pas question de le recontacter là-bas. Trop risqué pour tout le monde, pour lui, sa famille, pour les Américains eux-mêmes.

— Il y aura d'autres conférences à Genève, assure-t-il. Nous nous reverrons.

Ils se reverront en Suisse le 20 janvier 1964. Nosenko n'est pas resté inactif pendant les dix-huit mois dénués de tout contact direct avec les Américains. Quand il revient, il a dans sa besace l'identité d'un membre suppléant du PolitBuro mûr pour tomber dans l'escarcelle des Occidentaux au moyen d'une très classique mais très efficace opération de chantage sexuel ; les noms d'un agent soviétique commandant de l'armée américaine en poste à Berlin puis à Washington et d'un haut fonctionnaire de l'OTAN à Bruxelles qui avait donné à Moscou les codes qu'utiliseraient les Occidentaux en cas de guerre avec l'Armée Rouge ; les preuves que plusieurs hommes d'affaires Français, Allemands, Israéliens, proches de leurs gouvernements respectifs, entretiennent des relations secrètes avec des agents du KGB.

Nosenko donne alors une autre information aux Américains ce 20 janvier 1964 : il a changé d'avis ; il ne se sent plus du tout en sécurité en URSS. Il veut, physiquement, passer à l'Ouest.

Le 4 février, une voiture de la CIA l'exfiltre en Allemagne, près de Francfort, où les États-Unis disposent d'un centre d'accueil des personnes « sensibles ». Le 5, John McCone, patron de la CIA, annonce triomphalement à la Maison Blanche, au Département d'État, et au FBI, que l'Agence qu'il dirige vient de faire une de ses plus belles prises de guerre.

Ce que McCone ne dit pas, car il ne le sait pas, c'est qu'au sein même de la division russe de son organisation, Golitsine et Angleton ont profité des dix-huit mois sans contacts avec le nouveau transfuge pour le discréditer avant même qu'il ne pose le pied sur le territoire américain. Il n'y avait pourtant guère de match entre Golitsine et Nosenko quant à la qualité et à la précision des informations fournies sur les activités du KGB. Mais dans leur croisade bizarrement obsessionnelle qui leur fait repérer des traîtres partout sauf là où ils sont vraiment - Philby, Blake, tous les agents du KGB démasqués par Nosenko...- Angleton et Golitsine s'obstinent. Quand il l'apprend, le pauvre McCone doit avaler un chapeau débordant de couleuvres et se rétracter auprès de ses interlocuteurs à la Maison Blanche, au Département d'État, au FBI.

— Je sais de source sûre que Moscou prépare depuis longtemps l'envoi d'un faux transfuge pour nous embobiner, a dit Golitsine. Nosenko doit être celui-là.

Angleton osera affirmer longtemps plus tard, en 1978, qu'il avait toujours considéré les informations de Nosenko « comme très intéressantes ».

Pourquoi a-t-il tout fait, alors, avant et après la défection de ce dernier, pour saboter sa réputation, convaincre ses collègues de la division soviétique et quelques directeurs adjoints de la CIA - mais sans en dire un mot au Directeur - qu'il y a eu des imprécisions, incertitudes, interrogations - comment pourrait-il ne pas y en avoir dans ces histoires d'agents simples, doubles ou triples ? - et qu'on ne peut pas faire confiance à ce Nosenko ?

On dira que le doute, dans ces affaires, est légitime. Rien de pire qu'un faux transfuge instillant goutte à goutte le poison de la désinformation au sein d'un service de renseignements. Mais pourquoi, alors que le seul procès qu'on pût jamais faire à Nosenko soit un procès d'intention, pourquoi le traiter comme on ne traita jamais aucun transfuge – vrai ou faux – dans l'histoire tout entière de la CIA ? Pourquoi, sans dossier à charge, l'accueillir d'emblée en ennemi, le mettre à l'isolement complet quelques jours après son arrivée en Amérique, le faire disparaître dans une pièce de 4 mètres sur 3 au grenier d'une « planque » de la CIA de Camp Peary, en Virginie près du centre d'entraînement des agents ? Un lieu de détention sans fenêtre, sans sorties, sans visites, sans lecture, sans brosse à dents, une toilette sans porte pour que ses geôliers puissent l'observer sans relâche, une douche par semaine. Pourquoi le transférer bientôt dans une geôle spécialement construite pour lui à côté de laquelle, diront plus tard quelques familiers du cas, son bout de grenier précédent était un logement confortable ? Pourquoi le torturer mentalement et physiquement pendant quatre ans, le gaver de drogues et de « sérums de vérité » en tous genres destinés à « le faire avouer » sa « comédie » de faux transfuge ? Pourquoi finir par le libérer, parce qu'il ne cédera jamais, sous la pression d'agents de la CIA restés fidèles à leurs idéaux d'origine et qui prennent Angleton pour un fou criminel ? « On a fait subir à Nosenko le même traitement que lui auraient réservé les Russes dans leurs camps de prisonniers s'ils l'avaient attrapé », remarquera Tim Weiner, journaliste au New York Times chargé des affaires de renseignement.

La CIA en éprouvera d'ailleurs un tel sentiment de culpabilité qu'elle le réhabilitera, lui fera des excuses, lui donnera beaucoup d'argent en dédommagement des sévices subis et des décorations pour services rendus à l'Amérique. Elle le dotera d'une nouvelle identité et l'aidera à reprendre une vie à peu près normale quelque part dans le sud des États-Unis où il mourra en 2008.

Mais pourquoi l'avoir traité ainsi puisqu'il n'y avait rien à lui reprocher ?

Pour bien comprendre, il faut savoir qu'au moment où Nosenko débarque en Amérique, Angleton et ses vieux amis de la CIA ont peut-être en tête d'autres préoccupations, inquiétudes, angoisses, que la simple question de la légitimité du transfuge. Et, sans doute, une bonne raison de le craindre. Et de le faire taire.

Car quand il arrive à Genève, en janvier 1964, Nosenko a d'autres informations à partager que ses révélations sur l'identité de quelques agents du KGB.

Il apporte une véritable bombe.

— J'ai bien connu Lee Harvey Oswald quand il était en Union Soviétique, confie-t-il à ses premiers « debriefers ».

* * *

Kennedy a été assassiné deux mois plus tôt, Oswald aussi. La Commission Warren vient d'entamer ses travaux. Avec Allen Dulles pour membre le plus influent et son vieil ami James Jesus Angleton comme conseiller occulte, incontournable et péremptoire. Les deux hommes évoquent alors avec insistance la responsabilité probable du Département 13 du KGB, celui chargé des « wet operations » – les meurtres – dans l'assassinat de Kennedy.

Dès son arrivée, Nosenko rappelle à ses interrogateurs que ses attributions au sein du KGB incluaient la surveillance des visiteurs américains en Union Soviétique. Lee Oswald est de ceux-là, dès 1959, et pendant trois ans, au terme d'une odyssée sur laquelle on reviendra très vite. À ce titre, Nosenko a vu tous les dossiers le concernant.

— J'ai tout vu, assure-t-il. Depuis les premiers rapports de surveillance de l'Américain par les services locaux du KGB quand il était à Minsk jusqu'à ceux sur lesquels nous nous sommes précipités le jour de l'assassinat du président, le 22 novembre. Je peux vous assurer que Lee Harvey Oswald était considéré comme un idiot par le KGB, que nous n'avons même jamais songé à le recruter comme espion, encore moins pour assassiner le président des États-Unis.

La révélation est capitale, surtout à un moment où certains faucons américains – Dulles, Angleton – voudraient faire porter sur Moscou la responsabilité de la tragédie de Dallas.

Est-elle crédible ? Elle tombe bien, certes, pour les Soviétiques, que l'on devine empressés de se dédouaner au plus vite de tout soupçon sur la mort de Kennedy.

Cela suffit-il pour la discréditer ? John Edgar Hoover lui-même, presque aussi paranoïaque que James Angleton, ne le pense pas. Son obsession est qu'on ne soupçonne pas « son » FBI de négligence ou de complicité dans le crime de Dallas. Il sait qu'en revanche – ses dossiers sont bien faits – le transfuge soviétique a deux ou trois choses à raconter sur Oswald et la CIA. Il plaide en tout cas pour que Nosenko soit entendu au plus vite par la Commission Warren et passé au grill des interrogateurs chargés par les plus hautes autorités de l'État de faire la lumière sur Oswald et l'assassinat politique le plus énigmatique du siècle.

Cela ne se produira jamais. Au terme d'on ne sait trop quels débats internes, Dulles et la Commission décident de ne pas l'entendre. « Pas fiable », affirment-ils simplement dans le sillage d'Angleton. Sans même lui poser la moindre question.

Mary Pinchot en 1942,
journaliste à l'agence UPI,
où son talent fait merveille
(© D.R.)

Jeunes mariés,
Cord et Mary Meyer
ont vécu quelques
temps à Cambridge
à la fin des années 1940
alors que Cord rêve
encore de devenir écrivain
et effectue des recherches
à Harvard.
(© D.R.)

La maison
de la 34e rue
à Georgetown,
que Mary et ses enfants
ont occupée après
le divorce et où elle
vivait au moment
de son assassinat.
(© Jean Lesieur.)

Cord et Mary le jour de leur mariage le 19 avril 1945, dans l'appartement de Ruth Pinchot sur Park Avenue. Cord porte son uniforme des Marines mais il hésite toujours entre une carrière d'écrivain ou d'homme politique. Il entrera finalement à la CIA en 1951.
(© Getty Images.)

La maison du sénateur
John F. Kennedy au 3307 de
N. Street à Georgetown,
proche de celle de Mary et juste
à côté de celle de sa sœur de Mary,
Tony, mariée à Ben Bradlee.
C'est là que Kennedy habite
au moment de son élection.
(© Jean Lesieur.)

La seule photo de Mary et John ensemble,
prise le 24 septembre 1963 à Milford,
le domaine familial des Pinchot
en Pennsylvanie. (© D.R.)

John Kennedy,
Allen Dulles
et John McCone
quittent le Naval War
College de Newport
après l'annonce du
remplacement de
Dulles par McCone
à la tête de la CIA.
(© Getty Images.)

James Jesus Angleton, patron du contre-espionnage et l'un des collaborateurs principaux d'Allen Dulles. Ami proche de Cord Meyer, il sera chassé de la CIA en 1974 par William Colby en raison de son obsession anti-communiste.
(© Getty Images.)

Comme le montrent ces documents issus des dossiers de la commission Warren, Lee Harvey Oswald avait bien passé plusieurs années en URSS, entre septembre 1959 et le printemps 1962. Oswald y rencontra même sa femme Marina, nièce d'un officier du KGB. Un séjour qui tombe à pic pour appuyer les arguments de Dulles et Angleton selon lesquels l'URSS aurait joué un rôle de premier plan dans l'assassinat du président.
(© Getty Images.)

▲ Lee Harvey Oswald dans les locaux de la police de Dallas le 22 novembre 1963, après l'assassinat du président. Il sera abattu par Jack Ruby deux jours plus tard dans ce même commissariat. (© Getty Images.)

▼ Jack Ruby au commissariat de Dallas, quelques instants après qu'il a tué Lee Harvey Oswald. (© Getty Images.)

La passerelle sur le canal, par laquelle Mary accédait tous les jours au chemin de halage où elle faisait sa promenade.
(© Jean Lesieur.)

Le 12 octobre 1964, policiers et enquêteurs recueillent les premiers indices autour du corps de Mary Meyer. (© Getty Images.)

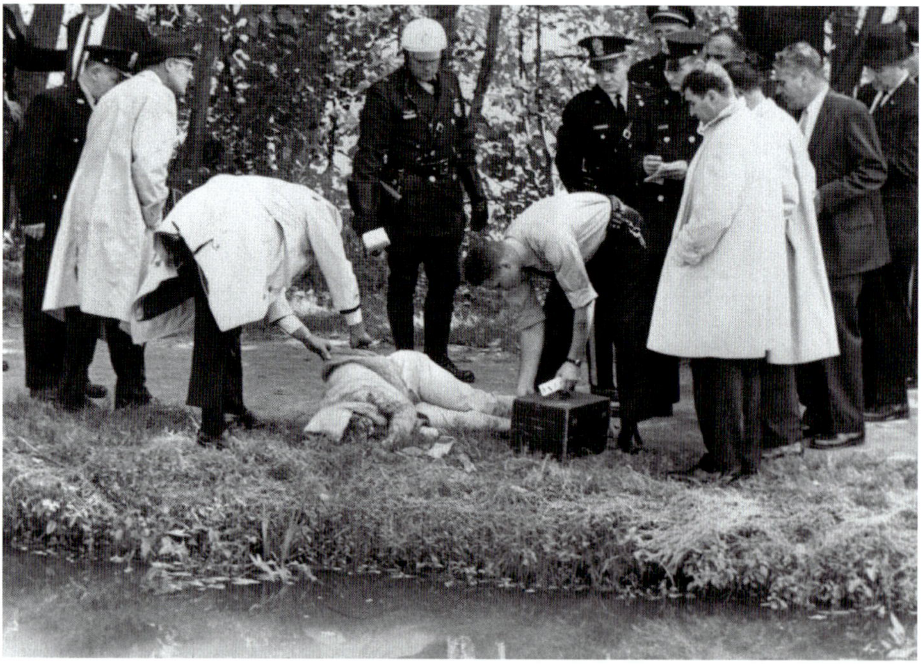

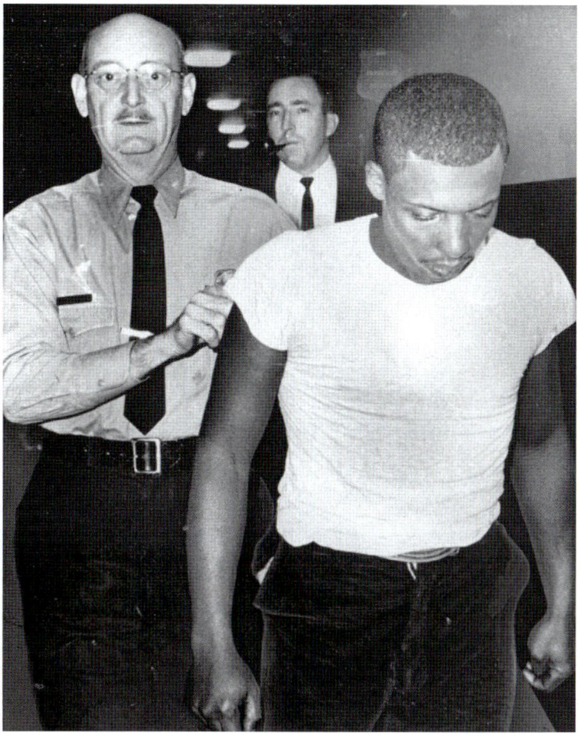

Ray Crump Jr, un jeune homme qui traînait aux abords de la scène de crime, quelques instants après son arrestation. Il sera rapidement inculpé. Jugé en juillet 1965 pour ce meurtre qu'il niera toujours, il sera acquitté.
(© D.R.)

La cathédrale nationale épiscopalienne de Washington où eurent lieu les obsèques de Mary. C'était déjà là que s'était tenue la cérémonie d'adieu à son fils Michael, mort dans un accident en 1956.
(© Jean Lesieur.)

La croix signalant l'emplacement du meurtre de Mary Meyer, sur le bord du canal. (© D.R.)

Nosenko se voit alors doté d'un statut inédit d'homme invisible pour les autorités. Il n'est pas réfugié, ni résident étranger ; ce n'est qu'un « visiteur » venu de son propre chef aux États-Unis mais sans visa. Il n'a donc pas droit à la moindre aide juridique, alors que la CIA n'a pas le droit d'arrêter ou détenir qui que ce soit sur le territoire américain. Le Département de la Justice acceptera même ultérieurement l'argument de l'Agence, qui se justifiera plus tard en affirmant qu'il fallait isoler Nosenko « pour l'empêcher de communiquer avec ses agents traitants du KGB qui contrôlaient toujours ses activités ». Comment ? Pourquoi ? On ne le saura jamais. Le transfuge disparaît pour près de quatre ans dans sa geôle fétide, dont il sortira titubant mais résilient, résolu, vivant. Quand il sera libéré – et totalement blanchi de tout soupçon tant par la CIA que par les confidences de tous les transfuges venus « du froid » après lui – il n'aura évidemment jamais de contact avec qui que ce soit du KGB, n'esquissera aucun acte qui aurait pu laisser penser que c'était un faux transfuge. Même, il ne cessera jamais d'affirmer sa foi en l'Amérique. Il ne put cependant s'empêcher de téléphoner un jour à Angleton, longtemps après sa libération, pour lui demander des explications.

— Je maintiens mes affirmations, lui dit le vieil espion fou. Vous êtes un faux transfuge. Je n'ai rien d'autre à vous dire.

— Moi non plus, répliqua Nosenko.

Il se mariera avec une Américaine rencontrée à Washington, travaillera un temps comme « consultant », sera ovationné à Langley après une conférence de plus de deux heures sur les méthodes utilisées par le KGB contre les Américains en Russie et ailleurs. Il ne dira plus rien sur Kennedy, ni sur Oswald. Peut-être parce qu'il ne savait rien de plus que ce qu'il avait simplement dit à ses interlocuteurs quand il était arrivé en Suisse et qu'il en avait été sévèrement puni ?

Mais alors, pourquoi Dulles, Angleton, et quelques autres voulaient-ils à tout prix l'empêcher de se présenter devant la Commission Warren ? Pourquoi ce traitement d'une infinie cruauté ? Que redoutaient-ils qu'il puisse éventuellement connaître et révéler ? Avaient-ils peur que Nosenko, qui ne craignait personne dans le décryptage des arcanes de l'espionnage et du renseignement et qui suivait le parcours d'Oswald depuis 1959, s'interroge ouvertement, devant la Commission Warren, sur la personnalité de ce dernier et se demande s'il n'avait pas des relations anciennes avec la CIA ? Avaient-ils peur que Nosenko suggère un lien entre la CIA et l'assassinat du Président Kennedy ? Car il fallait à tout prix détourner les soupçons qui, après Dallas, commençaient à peser sur eux-mêmes.

* * *

Lee Harvey Oswald arrive un matin d'octobre 1959 sur le sol soviétique. Il a 20 ans, a eu une enfance troublée – son père est mort avant sa naissance ; sa mère, trois fois divorcée, l'a ballotté avec ses deux frères aînés entre orphelinats à poigne à la Nouvelle Orléans, et domiciles de fortune à Fort Worth (Texas). Quand il a 13 ans, la maman s'installe chez son fils aîné, qui s'est marié et vit à New York. Lee fait l'école buissonnière, erre dans les rues, se retrouve entre les mains d'un pédopsychiatre bientôt reconverti en spécialiste, subventionné par l'armée, d'expériences de privation de sommeil, d'hypnose, et de tests des effets de la mescaline ou du LSD sur des cobayes ne se doutant de rien. Il le trouvera « dérangé émotionnellement, mentalement bridé, soupçonneux et rebelle face à toute autorité », propos que le psychiatre réitérera quand il témoignera devant la Commission Warren. Le jeune Oswald n'est pourtant pas seulement un jeune homme turbulent. Curieux, ayant lu un tract sur les époux Rosenberg, il s'intéresse au communisme et au marxisme, se met à rêver de devenir agent du FBI et de toutes sortes d'aventures. Sa mère redéménage à La Nouvelle-Orléans quand il a 15 ans. Le jeune Lee a décidé de devenir pilote. Il s'inscrit à la Civil Air Patrol, une association paramilitaire pour jeunes gens qui veulent apprendre à voler et s'imprégner de quelques valeurs patriotiques bien senties en ces temps de guerre froide bien chaude. David Harold Byrd, magnat du pétrole texan et d'extrême droite, fait partie des fondateurs du groupe. Il est aussi, accessoirement, le propriétaire du Texas School Book Depository de Dallas où travaillera Oswald quelques années plus tard et près duquel il sera arrêté après l'assassinat de Kennedy.

Oswald y côtoie également un jeune homme du nom de David Ferrie, qui apparaîtra de manière spectaculaire dans la mémorable enquête du procureur de la Nouvelle-Orleans, Jim Garrison, qui servira de base au célèbre film d'Oliver Stone sur JFK, en 1991. Selon l'enquête de Garrison, une conversation de Ferrie avec un homme d'affaires d'extrême droite, Clay Shaw, collaborateur avéré de la CIA depuis 1949, avait été surprise par un témoin. Quelques mois avant Dallas, ils y parlaient de tuer Kennedy. Quelques mois avant Dallas aussi, Ferrie et Oswald avaient renoué le contact. Et la veille de l'assassinat du Président, Ferrie alla en voiture de La Nouvelle-Orleans à Dallas sous le prétexte d'y parler avec le propriétaire d'une patinoire d'un projet d'affaires en Louisiane. Lequel propriétaire se souvint que Ferrie passa l'essentiel de son temps à la patinoire à passer des coups de téléphone depuis la cabine de l'endroit.

Rapportés au lendemain de la tragédie, ces faits déclenchèrent une enquête du FBI. « Une enquête complètement bâclée », observa le House Select Committee on Assassinations en 1979. Garrison, lui, s'en saisit en 1966 à la suite d'une conversation sur Dallas avec le Sénateur démocrate de Louisiane, Russell Long, qui exprimait ses doutes sur les conclusions officielles de la Commission Warren, à laquelle avait participé son collègue louisiannais le Représentant Hale Boggs. En février 1967, Garrison inculpe Ferrie et Shaw de complicité dans l'assassinat du Président. Une semaine après que cette décision a été rendue publique, Ferrie meurt d'une hémorragie cérébrale. Shaw, lui, sera acquitté, faute de preuves. Mais la CIA est si inquiète à l'approche du procès, en Septembre, que son Directeur constitue un petit groupe chargé de « gérer » l'affaire dans le cas où leur ami homme d'affaires serait condamné, une éventualité qu'ils semblent donc avoir des raisons sérieuses d'envisager.

* * *

Mais revenons au jeune Oswald. Nous sommes en 1956. Il a 17 ans, et ne supporte plus ni sa mère, ni l'école, ni les frustrations de ne pas rêver plus grand. Il est en forme, patriote, hardi, et fait ce que l'on fait souvent à cet âge-là, dans cette Amérique-là : il s'engage dans les Marines. Le gamin est prometteur. Il se distingue même suffisamment pour être envoyé un an plus tard dans la base d'Atsugi, près de Tokyo, d'où décollent de petites merveilles de machines volantes appelées U2. Des avions espions munis d'extraordinaires caméras haute définition et qui volent si haut qu'on les croyait indétectables par les radars de l'Union Soviétique jusqu'au jour de l'été 1960 où Gary Powers sera abattu. (Ejecté de son aéroplane et capturé, Powers sera échangé deux ans plus tard sur le Pont Glienicke – le fameux « Pont des Espions », qui relie Berlin à Potsdam – contre le célèbre « Abel », agent du KGB prisonnier des Américains).

Oswald ne pilotera jamais d'U2. Ses biographes racontent plutôt qu'il se tira un jour, par accident, une balle dans le bras ; qu'il passa deux fois en cour martiale, pour possession illégale d'une arme à feu et pour s'être bagarré avec un supérieur dans un bar ; que la base était aussi un centre d'expérimentation du programme MKULTRA d'utilisation d'hallucinogènes sur les Marines.

Mais on rapporte aussi que, là encore, Oswald n'était pas que turbulent. Il s'intéresse toujours au communisme et à l'Union Soviétique au point que, transféré à la fin de 1958 dans une base aérienne de Californie du Sud, il prend des cours de Russe dans un centre d'apprentissage linguistique de l'armée, à Monterey (Californie), où s'entraînent de futures recrues des services de renseignement. En septembre 1959, il quitte les Marines, affirmant que sa mère va mal et qu'elle a besoin de lui. Neuf jours après sa démobilisation, pourtant, le 20 septembre, il embarque sur un bateau pour Southampton, puis dans un avion pour Helsinki – « un vol militaire », confiera-t-il bien plus tard à son épouse soviétique, Marina – où il passe quelques jours dans un hôtel de luxe (alors qu'il n'a laissé que 203 dollars sur son compte en banque avant de partir) avant de prendre un train de nuit pour Moscou. Arrivé en URSS, il fait une irruption remarquée dans l'ambassade des États-Unis de Moscou où il va annoncer sa défection avec une certaine théâtralité, et affirmer au Consul de permanence ce samedi matin de l'automne qu'il va livrer aux Russes des secrets militaires.

Il trouve un job à Minsk, en Biélorussie, dans une usine qui fabrique des postes de radio ; il se fait quelques amis, avec lesquels il discute volontiers et calmement des mérites comparés des « paradis » capitaliste et communiste. Rien de plus. Il ne s'intéresse à rien de sensible sinon au décolleté et à la poitrine de la sensuelle Marina, rencontrée lors d'une soirée à la Maison des Syndicats, épousée un mois plus tard. C'est une jeune femme originaire de Leningrad, qui n'a pas très bonne réputation. Mais elle est aussi la nièce d'un colonel du KGB, qui doit donc gentiment surveiller l'Américain et rédiger, en effet, des rapports qui aboutissent sur le bureau de Yuri Nosenko. Qui conclut à son caractère inoffensif pour la grande Union Soviétique. Mais qui, en bon officier du KGB, doit, avant d'aboutir à cette conclusion, décortiquer le parcours de ce jeune homme avant son étrange arrivée en Union Soviétique, son séjour sur la base des U2 près de Tokyo, ses cours de russe dans une école réservée aux élèves des services de renseignement US…

Côté Américain, bizarrement, on ne semble pas se méfier, non plus, outre mesure. Mais pas pour les mêmes raisons. Ce serait plutôt comme si l'on savait parfaitement qu'Oswald travaillait pour la bonne équipe. Les services du paranoïaque Angleton, toujours prompt à chercher la petite ou la grosse bête dans tout ce qui a trait à l'Union Soviétique, ont bien ouvert un dossier 201 - du numéro des dossiers que l'on conserve sur le personnel militaire - sur le transfuge à l'envers.

Mais étrangement, quand Lee Oswald retourne soudain à l'ambassade pour annoncer cette fois qu'il veut retourner aux États-Unis, avec une épouse qui a un lien avec le KGB, tout est facile. Le Département d'État lui prête même de l'argent pour qu'il puisse acheter des billets de bateau pour lui, sa femme, leur bébé. Quand leur paquebot hollandais accoste au port de Hoboken, dans le New Jersey, le 13 juin 1962, personne n'est là pour les interroger, leur demander des explications sur leur odyssée au pays ennemi, les « débriefer ». Dès le lendemain, le couple et l'enfant s'envolent pour Fort Worth, où ils s'installent chez le frère de Lee. Comme si de rien n'était. Comme s'il était banal, en pleine guerre froide, qu'un jeune Marine ayant servi dans une base américaine d'avions espions parte vivre en Union Soviétique et revienne deux ans et demi plus tard sans qu'on lui pose de questions.

En matière d'espionnage, ne serait-on pas prompt à déceler dans le séjour de l'Américain derrière le rideau de fer, la construction d'une « légende », la fabrication d'un personnage qui pourra sûrement servir plus tard.

Longtemps après, en 1977, quand une Commission du Congrès décida de rouvrir l'enquête sur l'assassinat de Kennedy, Richard Schweiker, Sénateur républicain et raisonnable de Pennsylvanie et expert en la matière, résuma ainsi le profil d'Oswald dans ces années-là. « Où que vous regardiez dans sa courte vie, dit le Sénateur, il y avait les empreintes des services de renseignement américains ». Et David Talbot, auteur de l'excellent livre sur Allen Dulles « The Devil's Chessboard », d'enfoncer le clou. « Pour Jim Angleton, le jeune Américain, influençable et malléable, n'avait pas encore réalisé tout son potentiel dans le rôle du transfuge américain en Union Soviétique. C'était quelqu'un dont il fallait garder la trace ».

Attention ! Pas question d'affirmer que, dès ce moment-là, au milieu de 1962, les comploteurs de l'ombre ont déjà précisément décidé qu'ils allaient faire tuer Kennedy et réserver un rôle à Oswald. Rappelons-nous juste que, parmi les gens qui pourront toujours servir pour les basses besognes, ce dernier a sa « légende » dans les archives et dossiers de la CIA et d'Angleton. Et que Nosenko est au courant puisqu'il l'a suivi de près lors de son séjour en URSS.

Alors, quand le Kgébiste Soviétique débarque en Suisse deux mois après Dallas, avec des idées relativement précises sur « l'assassin » de Kennedy, sur son séjour à Moscou et à Minsk, sur ses liens probables et anciens avec la machine infernale et diabolique de Dulles, de Meyer, d'Angleton, ces derniers, forcément, paniquent. Ils ne peuvent prendre aucun risque. Angleton fait enfermer Nosenko. Lui fait peur. Le fait taire.

Car le jeune homme de la Nouvelle-Orléans quasiment insignifiant pour presque tout le monde du temps de son aventure soviétique a endossé soudain les habits d'un tout premier rôle.

Après Moscou, sa vie paraît être, est, sans queue ni tête. Il alterne les « petits jobs », voyage entre le Texas, la Nouvelle-Orléans, Mexico, fait des rencontres. L'une d'elles est fascinante. George de Mohrenschildt est un vieux Russe blanc qui se fait appeler « Baron » et qui a fait fortune dans le pétrole au Texas. Un jour, le richissime immigré sonne à la porte des Oswald, à Fort Worth. « Une petite maison décrépite, au bout d'une route poussiéreuse ». Quelle drôle d'idée, pour un homme si riche, que de venir s'intéresser au destin d'un jeune homme un peu perdu dans les mirages successifs des « rêves » soviétique et américain. Mais le « baron » a entendu parler de l'aventure du jeune Marine en URSS. Intrigué – le mal du pays natal ? – il veut le rencontrer. De Mohrenschildt n'aime pas Marina, qu'il ne trouve pas particulièrement jolie et pas intelligente. Mais qu'importe ? Il lui achète de nouvelles dents pour remplacer celles, toutes pourries, qu'elle a ramenées de chez les Communistes. Il s'occupe de la santé de la fillette du couple.

Mais c'est Lee qui l'intéresse, Oswald dont il devient le grand ami. Parce qu'il aime ses propos emportés sur l'insupportable ségrégation qui sévit dans le Sud profond des États-Unis, son rejet des valeurs purement matérialistes qui obsèdent les Américains ; et surtout parce qu'il lui rappelle son fils, Sergueï, mort de la mucoviscidose il y a quelques mois.

Mais le Baron a bien d'autres amis, plus puissants, plus redoutables, plus retors, qu'Oswald, au terme d'une vie riche d'aventures et de drames. Son père était un magnat du pétrole avant la révolution bolchévique. Avant que les révolutionnaires ne viennent pour l'arrêter, il emmène sa famille en Pologne, où ils n'ont rien. La mère de George y meurt de la typhoïde. Le père et les deux garçons survivent comme ils peuvent, et finissent alors de développer et d'entretenir une haine absolue du communisme qui incitera le père à rallier les nazis quand ceux-ci occuperont la Pologne. Quand le père est tué lors d'un bombardement des Alliés, le « baron » et son frère aîné, Dimitri, sont déjà partis pour l'Amérique. C'est Dimitri qui, le premier, y fera fortune, et réussira à merveille en société après avoir épousé une riche divorcée de Park Avenue. Dimitri n'est pas seulement un brillant homme d'affaires. C'est aussi un intellectuel militant qui édite la « Russian Review », une revue anticommuniste publiée par l'excellente Université de Dartmouth, en Nouvelle-Angleterre, dont il deviendra président du Département d'Études de la Civilisation Russe. Il fréquente alors ces réseaux tout-puissants dans l'Amérique des années cinquante où les hommes d'affaires, les intellectuels, les diplomates, les politiques, les espions, qui se sont en général connus étudiants sur les bancs des meilleures universités, font – au besoin refont – le monde et ceux qui le dirigent. Le coéditeur de la Russian Review est d'ailleurs un des tout meilleurs amis d'Allen Dulles, qu'il aida à monter Radio Liberté dans un de ces programmes d'après-guerre d'action psychologique et de propagande de la CIA bientôt dirigés par Cord Meyer. Dimitri se verra donc accorder « la carte » de la CIA en 1950. Une carte, en quelque sorte, d'honorable correspondant de l'agence et de ses serviteurs.

George, lui, réussira plutôt dans le dandysme. Il échouera dans plusieurs métiers avant de décider d'émigrer vers l'Université du Texas où il décroche tant bien que mal un diplôme de géologie pétrolifère. Sa principale qualité réside cependant ailleurs que dans l'analyse et l'exploitation des couches géologiques inférieures du sous-sol texan : il a surtout un incroyable talent pour séduire des femmes riches de tous âges, mariées ou pas, qui lui permettent d'investir dans des puits qui semblent, alors, inépuisables. Parce qu'il est drôle, intelligent, attractif, le « baron » deviendra l'une des personnalités recherchées du Dallas Petroleum Club dans lequel on retrouve toute la haute société masculine et conservatrice des affaires et de la politique du Texas (dont, par exemple, D. H. Byrd, propriétaire du Texas School Book Depository où on retrouvera Oswald le 22 novembre 1963, fondateur par ailleurs de la Civil Air Patrol que rejoignit Oswald ado ; dont, aussi, mais c'est sûrement un hasard, Earle Cabell, maire de Dallas, dont le frère Charles fut l'un des principaux collaborateurs d'Allen Dulles à la CIA qu'il quitta, humilié, après la Baie des Cochons).

En tout cas, Mohrenschildt, futur ami plutôt inattendu d'Oswald, connaît du monde. Il n'aura pas officiellement, comme son frère, « la carte ». Mais à la fin des années cinquante, il s'éloigne un peu de ses champs de pétrole du Texas et du Colorado pour faire davantage de « consulting » d'homme d'affaires international en Amérique Latine, en Europe, ou en Afrique. À ses retours de voyage, il déjeune alors régulièrement avec Walton Moore, l'homme de la CIA à Dallas, celui qui lui demandera de garder un œil attentif sur Oswald, de devenir son « ami ».

Mohrenschildt ne parla jamais de tout cela quand il comparut devant la Commission Warren. Il enfonça au contraire son « ami », le décrivant comme « pathologiquement jaloux de Kennedy, qui était jeune, séduisant, avec une femme magnifique, tout l'argent qu'il voulait, une influence et une notoriété mondiale. Le pauvre Oswald était juste le contraire. Il n'avait rien, pas d'argent, sa femme était une emmerdeuse, tout ce qu'il entreprenait était un échec. Il pensait que tuer Kennedy ferait de lui un héros ». Mais pourquoi devenir, et rester, l'ami de quelqu'un dont on avait une si piètre opinion ?

Morenschildt en dira davantage dans des mémoires qu'il entreprit d'écrire vers la fin de sa vie, qu'il ne publia pas, mais dont son épouse donna un projet de manuscrit à la Commission du Congrès qui rouvrit l'enquête en 1976 (et conclut à un complot, sans en identifier les auteurs). Mohrenschildt y écrivait aussi du bien d'Oswald, dont il regrettait de « ne pas l'avoir défendu devant la Commission Warren », où il avait trouvé Allen Dulles « extrêmement intimidant ».

Avait-on simplement demandé à Mohrenschildt de fréquenter Oswald pour pouvoir dire ce qu'il assura devant Warren et les autres et qui fournissait une explication du geste d'Oswald coupable solitaire du meurtre du président des

États-Unis ? Allait-il développer, achever, publier ces mémoires ? En dire davantage ? Impossible à savoir. Convoqué par la commission « révisionniste » au mois de mars 1977, on retrouva Mohrenschildt mort chez lui, quelques jours auparavant, tué d'un coup de feu en pleine tête. Suicidé.

D'autres personnages de l'entourage d'Oswald intéresseront les chercheurs en quête de « vérité » sur l'assassinat de Dallas parce qu'ils cristalliseront quelques coïncidences. Ruth Paine, par exemple, 30 ans, Quaker idéaliste, fille de militants de la gauche socialiste anticommuniste qui fascina toujours les milieux américains du renseignement. Sa belle-mère est l'amie intime de Mary Bancroft, maîtresse attitrée et éternelle d'Allen Dulles. En février 1963, Ruth est séparée de son mari, ingénieur aéronautique de Bell Helicopters à Fort Worth. Un ami l'invite à une soirée où, lui dit-on, à elle qui a entrepris des études de Russe et se sent seule, trop seule, il y aura des personnages qui l'intéresseront. Il y a en effet les Mohrenschildt, qui ont amené les Oswald. George de Mohrenschildt s'apprête alors à quitter le Texas pour aller « faire des affaires » à Haïti. Lui a-t-on demandé de confier à Ruth Paine sa mission d'affectueuse surveillance de Lee et Marina ? En tout cas, elle devient rapidement l'intime du couple. Celui-ci, d'ailleurs, ne va pas très bien. Mais Ruth est généreuse. Elle propose à Marina de venir s'installer chez elle, avec ses deux filles, dans son petit appartement de la banlieue de Dallas. Elle s'occupe aussi de Lee, resté à Fort Worth (à cinquante kilomètres de là), à qui elle suggère en octobre de se porter candidat au job (« order filler ») qui vient d'être proposé au Texas School Book Depository devant lequel passera JFK un mois plus tard.

Avant cela, Oswald vit d'on ne sait trop quoi entre La Nouvelle-Orleans, Fort Worth, Dallas. On l'y voit fréquenter à la fois des groupes pro et anticastristes, qu'il provoque les uns et les autres, tous manipulés par la CIA. En septembre, Antonio Veciana, leader du groupe Alpha 66 qui tentera plusieurs fois d'assassiner Castro, le voit à Dallas en compagnie de David Atlee Phillips, agent du service de contre-espionnage d'Angleton. À la fin du mois, Oswald continue d'entretenir sa « légende » avec un voyage en autobus à Mexico où il débarque avec fracas aux ambassades cubaine et soviétique demandant un visa pour La Havane qu'on ne lui donnera pas. Bizarrement pourtant, le 9 et le 10 octobre, le FBI, puis la CIA, font disparaître le nom d'Oswald de leurs fichiers de personnes à surveiller. Quatre officiels du service d'Angleton envoient même un câble au chef de station de Mexico pour lui dire qu'il n'y a aucune raison de se méfier de lui, son séjour en Union Soviétique « l'ayant considérablement mûri ».

Voilà donc l'assassin potentiel lâché dans la nature avec son CV, sa « légende », suffisamment garni pour faire un coupable solitaire en principe très acceptable, à peine conscient d'être l'outil d'une opération qui le dépasse, d'être l'acteur d'un rôle qui – pour peu que la police, au coup de feu facile, fasse son travail – doit se terminer là, tout de suite, pour de bon, et même dans cette pièce où l'on retrouvera ses empreintes et un vieux fusil qui lui appartenait.

Mais Oswald réussit à s'enfuir de l'immeuble d'où l'on a tiré sur Kennedy, le 22 novembre. Il tue un policier qui veut l'interpeller, se réfugie dans un cinéma où il est finalement arrêté. Il sera abattu le surlendemain, dans les locaux de la police, par un tenancier de boîtes de nuit, gangster familier des réseaux mafieux, des activistes cubains, des « infiltrés » en tous genres du Texas. L'acte de Jack Ruby, vrai-faux « justicier » qui prétendit vouloir épargner à Jackie Kennedy de devoir revenir à Dallas témoigner dans un procès d'Oswald, ne fut jamais vraiment expliqué, même si l'on retrouvera dans ses relevés téléphoniques nombre de conversations récentes avec des mafieux connus et utilisés pour les « coups durs » de la CIA. Son coup de feu du dimanche dans les sous-sols de la police texane déclenchera en tout cas toutes sortes d'analyses conspirationnistes. Ruby lui-même, condamné à mort en 1964, les alimentera. Quand Earl Warren en personne et quelques membres de la Commission, dont le Congressman du Michigan Gerald Ford, se déplacent à Dallas pour l'interroger en juin 1964, il leur demande de l'exfiltrer vers Washington. « Ici, je suis en danger. Si je parle, je meurs ». Le patron de la Cour Suprême et le futur Président – successeur de Nixon démissionnaire en 1974 – lui répondent que cela poserait trop de problèmes juridiques eu égard à son inculpation pour le meurtre d'Oswald et que, de toute façon, ils n'auraient aucun moyen pour le faire protéger dans la capitale. Mais les avocats de l'assassin d'Oswald se démènent. Plaident que le procès de leur client aurait dû se dérouler ailleurs qu'à Dallas, où il était condamné d'avance par les autorités locales et par l'opinion. Ils obtiennent même que Ruby puisse tenir une conférence de presse.

— Le monde ne connaîtra jamais le vrai déroulement des faits, proclame le condamné à mort devant les journalistes, en mars 1965. Ceux qui avaient un motif impérieux pour que je me retrouve dans cette situation ne laisseront jamais la vérité remonter à la surface.

— Ces gens-là sont-ils des personnalités de haut niveau ? questionna un reporter.

— De très haut niveau.

Les avocats de Ruby finissent par obtenir gain de cause. Le 5 octobre 1966, un nouveau procès est décidé pour février 1967. Mais le 9 décembre précédent, Ruby est admis à l'hôpital. Il dira au sous-chef de la police de Dallas qu'il était persuadé qu'on lui avait « inoculé » un cancer. Selon le Sunday Times, il aurait assuré à son psychiatre qu'il savait qui avait fait tuer le Président.

— Je suis fini, condamné. Mais je ne suis pas fou. J'ai été piégé pour tuer Oswald.

Un mois avant son nouveau procès, il meurt au Parkland Hospital de Dallas, là même où l'on avait amené John Kennedy mourant et la dépouille de Lee Harvey Oswald.

* * *

Tant de morts, et toujours davantage de questions.

Oswald a-t-il tiré sur le Président ? Presque sans aucun doute. Le fusil retrouvé dans le Texas School Book Depository où il travaillait était à lui. On retrouva sur sa crosse des fibres de la chemise qu'il portait ce jour-là et sur son canon des empreintes de sa paume. On ne saura évidemment jamais précisément qui, mais comment ne pas croire que, dans les réseaux qui l'entouraient, dans l'air du temps qu'il respira, dans les effluves mystérieux des drogues de MK ULTRA qu'il huma, quelqu'un ou quelques-uns ont évoqué, suggéré, devant lui, l'idée de tuer Kennedy ?

Fut-il le seul assassin ? Probablement non : son arme ne pouvait tirer quasiment en rafale les trois balles qui ont visé le président ; il sera en outre à peu près scientifiquement établi – et démontré en images par le film du badaud Abraham Zapruder et les images de la tête du Président projetée vers l'arrière – que Kennedy fut frappé à la fois au visage, donc de face, et à la nuque.

Troisième interrogation : la CIA, ou des personnages de la CIA, contrôlèrent-ils toute l'opération, et surtout la « légende » d'Oswald, tueur solitaire selon la commission Warren au motif unique qu'il était jaloux du beau Président et sans doute un peu proche des Russes ? Évidemment oui. Car il y a tant et tant d'indices de leur implication et de leurs manipulations, l'affaire Nosenko et la « légende » d'Oswald n'étant pas les seules.

En effet, ce n'est pas parce que John Kennedy l'a chassé de Langley deux ans plus tôt qu'Allen Dulles s'est retiré des affaires qui jettent une ombre gigantesque sur la nature de la démocratie américaine d'alors. Il a 68 ans, et cela fait près d'un demi-siècle qu'il vit dans un univers parallèle et tout-puissant. Romanesque, sûrement, mais surtout addictif, parce qu'il y tirait, en toute impunité, des ficelles qui font marcher le monde. Et le voilà qui risque le désœuvrement dans sa belle maison de briques de Georgetown – Q Street –, engoncé dans ses charentaises – c'est plus confortable quand on a la goutte aux pieds –, coincé au milieu de ses centaines de livres bien rangés sur des étagères intégrées dans les belles boiseries des murs de sa gentilhommière. Insupportable ! Il va bien déjeuner ou dîner dans les meilleurs clubs de la capitale avec des généraux et des gens importants de toutes sortes. Mais il ne lui faut pas longtemps pour renouer avec ses anciens et meilleurs, ou pires, collaborateurs de l'Agence, ceux qui, comme lui, détestent Kennedy, ce type « qui se prend pour Dieu », avait-il asséné avec morgue quand le Président arrêta le fiasco de la Baie des Cochons.

La maison de Q Street devient alors très vite un centre de rendez-vous très prisé de ceux qui adorent Dulles et détestent la politique étrangère « pacifiste » de la Maison Blanche. Les Angleton, Meyer, et autres « officiels », toujours en poste, et qui n'ont de respect que pour leur vieux chef, ne sont pas les seuls à défiler. On y voit aussi un des leaders de l'opposition cubaine en exil, Paulino Sierra Martinez, ancien tueur au service de Fulgencio Batista, le dictateur prédécesseur de Castro.

Or quelques mois après le retrait des missiles soviétiques en octobre 1962, Kennedy a assuré Krouchtchev qu'il mettait un terme au financement et aux raids des groupes anticastristes de Floride et d'ailleurs. Un vieil ami de Dulles, Bill Pawley, un entrepreneur de Miami, écrit alors dans une lettre : « Tous les Cubains et la plupart des Américains ici arrivent à la conclusion que pour se débarrasser de Castro, il va falloir éliminer Kennedy d'abord ». Puisqu'ils ne sont plus en odeur de sainteté auprès de l'administration, puisque l'élimination de Castro n'est plus à l'ordre du jour du « nouvel ordre » Kennedyesque, des réseaux de mercenaires, de gangsters, de trafiquants, d'agents secrets de Louisiane, de Floride, du Texas, plongent alors dans la clandestinité.

Dans les semaines précédant le 22 novembre, les rendez-vous se multiplient dans la maison de Q Street, avec plusieurs personnages cités plus haut et qui viendront dans le collimateur de la Commission du Congrès de réexamen de l'enquête en 1977 et 1978. Le week-end qui suit l'assassinat (le 22 novembre est un vendredi, Oswald n'est abattu par Jack Ruby que le dimanche qui suit), Dulles vient s'enfermer avec quelques amis dans une résidence dont il dispose toujours – il a pourtant quitté l'Agence depuis près de deux ans – à Camp Peary, près de Washington, l'une des bases les plus secrètes de la CIA. Pour manifester sa sympathie et sa solidarité en ces jours de deuil international ? Peut-être.

Mais cela fait un moment qu'avec ses amis, Dulles complote – en paroles lourdes de sens – contre le Président qui l'a humilié et dont il pense que la politique étrangère de détente qu'il prône envers l'Union Soviétique va mener les États-Unis à leur perte. Il connaît tout le monde partout, mais en particulier au Texas où le prestigieux cabinet d'avocats auquel il appartint toute sa vie – Sullivan et Cromwell – conseille depuis longtemps les grands pétroliers. Fin octobre, un mois avant « Dallas », alors qu'il est en promotion sur les côtes Est et Ouest exclusivement pour un livre qu'il vient de sortir sur « l'Art du Renseignement », il fait un détour, un seul, par la ville texane, où il passe quatre jours pour un simple discours devant le Dallas Council on World Affairs. Et quelques rendez-vous non précisés dans son agenda.

Il faut dire – à leur décharge ? – que ses amis ne se cachent pas pour condamner Kennedy sans relâche. Et pas seulement à cause de Cuba. Le Président envisage aussi de supprimer des niches fiscales qui permettent aux grandes compagnies pétrolières d'économiser des millions de dollars chaque année. Et Kennedy a aggravé son cas en mars 1961 en créant l'Alliance pour le progrès, un programme massif d'aide économique, sociale, et humanitaire aux pays d'Amérique Latine destiné à tenter de contrer l'influence communiste mais aussi et surtout la toute-puissance des grands groupes américains peu soucieux de développement de la démocratie dans ces contrées.

Mais surtout, les ennemis de Kennedy le trouvent particulièrement « flanby » en politique étrangère. Un jour, à la Maison Blanche, à l'occasion d'un déjeuner en l'honneur de journalistes et éditeurs texans, le patron du Dallas Morning News, Ted Dealey, insulte même le Président. « Nous pouvons annihiler les Russes et la Russie, dit-il à JFK, et vous devriez le leur faire savoir. Mais vous et votre administration vous comportez comme des femmelettes. Nous, au Texas, nous savons qu'il faut un homme flamboyant juché sur son cheval pour mener cette nation. Or nous avons l'impression que vous chevauchez le tricycle de votre fille Caroline ».

Le général Curtis LeMay, patron de l'US Air Force, bientôt héros déguisé d'une fiction racontant un coup d'État – Sept Jours en mai, adapté au cinéma en 1964 par John Frankenheimer – est de la troupe et de la trempe des ennemis mortels de JFK. Il sera le colistier de George Wallace, gouverneur raciste de l'Alabama qui haïssait les frères Kennedy, aux élections présidentielles de 1968. Drôle de bonhomme : dans les enregistrements des réunions du bureau ovale pendant la crise des missiles de Cuba, en 1962, on entend LeMay recommander une frappe nucléaire préventive sur Moscou. Kennedy le rabroue, le traite avec mépris. Le général ne le lui pardonnera jamais.

Quant à James Angleton, entre ses orchidées et ses cannes à pêche, il rumine ses grommellements apocalyptiques. « Si les Soviétiques lançaient une attaque nucléaire contre nous, les Kennedy seraient tranquillement installés dans leur bunker à toute épreuve, regardant la Troisième Guerre Mondiale à la télévision pendant que nous, nous brûlerions en enfer ».

On objectera que ce ne sont là que des discours bravaches que ne tiendraient peut-être pas ces hommes si, justement, ils avaient décidé de passer à l'action.

On relèvera aussi qu'aucun des acteurs ou témoins supposés n'a jamais parlé, n'a jamais fait d'aveux ni de récit du complot supposé.

C'est faux.

Vers la fin de sa vie – il est mort à Miami en 2007 à 88 ans –, Howard Hunt, agent légendaire de la CIA entre 1949 et 1970 – dont le fils dit de lui qu'il « était parfait pour la CIA. Le sentiment de culpabilité lui était totalement étranger » – fit une sorte d'aveu. Reconverti en « conseiller » et auteur de basses œuvres sous Nixon – il fit partie des cambrioleurs du Watergate – il raconta en tout cas des choses étonnantes à des journalistes de l'émission de télévision 60 Minutes, du magazine Rolling Stone, et à son fils qui en fit un livre. Autant d'indices bizarrement passés relativement inaperçus, sauf de quelques observateurs attentifs vite relégués dans la catégorie maudite des obsessionnels du complot. Hunt racontait pourtant qu'en 1963, il avait été convié à Miami à une réunion dans une « safe house », une planque, de la CIA, par un type comme lui, Frank Sturgis, qui travaillait comme lui dans les milieux anticastristes de Floride (qui sera, comme lui, de l'expédition dans l'immeuble du Watergate). Il y avait aussi là David Morales, un ancien de l'ambassade américaine de La Havane avant Castro reversé dans les rangs officieux de la CIA – l'agence n'a théoriquement pas le droit d'officier sur le territoire américain – à Miami. Objet de la réunion, selon

Hunt : assassiner Kennedy. Morales avait été mis dans le coup par Bill Harvey, vieux protégé de James Angleton avec qui ils avaient chassé « les Rouges ». Harvey avait également été en poste à Berlin. En 1963, il est chef de poste en Italie, où il trempera dans les complots du réseau clandestin Gladio, mis en place pour empêcher la gauche – parfois brutalement, avec l'active coopération de durs de son espèce – d'arriver au pouvoir. Entre-temps, il fut chargé d'assassiner Castro dès 1959. Là, c'était Kennedy.

— Nous t'avons toujours admiré, dit Sturgis à Hunt. Et nous savons que tu as la même opinion que nous sur le bonhomme de la Maison Blanche. Es-tu des nôtres ?

— Si Bill Harvey est dans le coup, non. C'est un alcoolique et un psychopathe.

— Tu as raison. Mais ce salopard a les couilles de s'en occuper.

Hunt concédera vers la fin de sa vie qu'il joua un rôle périphérique dans le complot contre Kennedy. Il affirmera que Cord Meyer, David Atlee Phillips, et Bill Harvey – qui profita de ses réseaux dans la pègre européenne pour y recruter des tueurs, dont l'un aurait usurpé l'identité d'un membre de l'OAS – en étaient les organisateurs. Ils ne pouvaient avoir agi sans l'aval d'Allen Dulles.

Lequel se sent particulièrement visé le 22 novembre venu, alors qu'il n'a plus aucun rôle officiel nulle part. La « légende » d'Oswald les sert, lui et Angleton, qui s'empressent de diriger leurs amis journalistes vers la piste d'Oswald agent du KGB puis proche des milieux castristes. Mais cela ne prend pas.

Même le Général de Gaulle, à la sortie du Conseil des ministres du 27 novembre, cinq jours après Dallas émet un avis tranchant. (On se souvient que JFK était venu s'excuser auprès du Président français du rôle joué par la CIA – à l'insu de la Maison Blanche – dans le putsch des généraux d'Alger en 1961). Ce 27 novembre 1963, comme il le fait souvent, le Général se confie en tête à tête à son ami Alain Peyrefitte, alors ministre de l'information (« C'était de Gaulle », Gallimard). « Je n'ai qu'une intuition, dit le Général, et peut-être on ne saura jamais la vérité. C'est bien simple : ce qui est arrivé à Kennedy, c'est ce qui a failli m'arriver. Le meurtre du Président des États-Unis à Dallas, c'est ce qui aurait pu se produire quand le président de la République française se baladait à Alger ou Oran en 1960 ou 1961. Ça a l'air d'être une histoire de cow-boys, mais ce n'est qu'une histoire d'OAS. La police est de mèche avec les ultras. Les ultras, en Amérique, c'est toutes ces associations secrètes d'extrême droite.

— Vous pensez vraiment que c'est la police qui a fait le coup ?

— Ou bien elle a fait le coup, ou bien elle l'a fait faire, ou bien elle l'a laissé faire. De toute façon, elle est dans le coup... C'est pourquoi on ne saura jamais la vérité. Car elle est trop terrible, trop explosive ; c'est un secret d'État. Ils feront tout pour le cacher ; c'est un devoir d'État. Sinon, il n'y aurait plus d'États-Unis.

— Vous pensez qu'Oswald est un prête-nom ?

— Tout porte à le croire. Ils se sont saisis de ce communiste qui n'en était pas un, tout en l'étant. C'est un minus habens et un exalté. C'était l'homme qu'il leur fallait. Un merveilleux accusé. La fable était de faire croire que le type avait agi par amour du communisme... Ils le gardaient en réserve ! Ils se sont emparés de lui dès qu'il a fallu le trouver. Le type s'est enfui, car il devait se méfier. Ils ont voulu l'abattre sur le champ, sans même que la police ait pu se saisir de lui. Malheureusement, ça ne s'est pas passé exactement comme ils l'avaient sans doute prévu. Un policier a été tué. Il y a eu des témoins. Par suite, on était obligé de le poursuivre en justice. On ne pouvait pas le descendre sans autre forme de procès. Mais un procès, vous vous rendez compte, c'est épouvantable ! On aurait tout déballé. Alors, la police est allée chercher un indicateur qui n'avait rien à lui refuser ; et ce type s'est dévoué pour tuer le faux assassin sous prétexte qu'il fallait défendre la mémoire de Kennedy ! C'est de la rigolade...

— Mais Bob Kennedy essaie de prendre l'affaire en main.

— Je me demande bien comment il fera. Chaque État fait la justice sur son territoire. C'est une loi fondamentale [*aux États-Unis*]. Le gouvernement fédéral peut faire une enquête., mais il ne pourra en tirer les conséquences… Vous verrez. Tous ensemble, ils observeront la loi du silence. Ils feront tout pour étouffer le scandale. Ils jetteront le manteau de Noé sur ces turpitudes. Pour ne pas perdre la face devant le monde entier… »

Que sait de Gaulle, alors, moins d'une semaine après la tragédie ? Rien de précis sans doute, rien d'autre que des allusions recueillies, peut-être, lors de ses contacts avec Robert Kennedy, ou d'autres, à Washington, à l'occasion des obsèques du Président. Mais son expérience des opérations clandestines, des tentatives de coups d'État, est sans limites. Il connaît depuis longtemps Allen Dulles, les agissements et les valeurs de ce chef suprême de ce que de Gaulle appelle « la police ». Il sait, par expérience, de quoi « la police », « de mèche avec les ultras », est capable.

Comme s'il lisait dans les dossiers de James Angleton et le long curriculum vitæ de Lee Oswald, le Général va même jusqu'à suggérer que ce dernier est un pigeon commode qu'ils « gardaient en réserve », et même un « faux assassin ».

Il n'est pas le seul à exprimer, d'emblée, ses soupçons. Un mois à peine après la tragédie, l'ancien Président Harry Truman lui-même, sous l'égide duquel la CIA fut créée, se permet une tribune au vitriol dans le Washington Post. Il n'y parle pas de Kennedy. Pas directement. Mais « je n'aurais jamais imaginé, en créant la CIA, qu'elle se trouverait impliquée dans des opérations clandestines en temps de paix, dénonce-t-il. Cela fait un certain temps que je suis troublé par la manière dont ses dirigeants l'ont détournée de sa mission initiale… Il y a des éléments dans son fonctionnement qui jettent une ombre sur le caractère historique de notre démocratie, de notre société libre et ouverte ». Dulles se sent tellement mis en cause, alors qu'il n'est plus « aux affaires », qu'il écrit une longue lettre au vieil homme pour lui rappeler que c'est lui, Truman, qui a contrôlé la création de l'Agence et ses premiers développements. Et qu'il serait sage qu'il précise sa pensée dans un article qui corrigerait le premier. Truman refuse. Alors Dulles va le voir dans sa retraite du Missouri, pensant qu'une rencontre physique et persuasive va faire mollir le successeur de Roosevelt. Pari perdu. Dulles s'en sortira par un courrier à la CIA dans lequel il fait un compte rendu de son voyage chez l'ancien Président, qu'il décrit comme quasiment sénile, ne sachant plus ce qu'il dit ou écrit. Ce qui est faux. Truman répétera ses propos dans une lettre au magazine Look, en juin 1964.

Mais cela n'a plus d'importance. Dulles a réussi à se faire nommer à la Commission Warren par le nouveau Président, Lyndon Johnson, vieux notable texan plus ou moins honnêtement lié aux grands « pétroliers » et au « complexe militaro-industriel » (que certains soupçonnent d'avoir été préventivement au courant de Dallas et d'avoir tacitement laissé faire parce qu'il savait que JFK songeait à le remplacer par Terry Sanford, gouverneur de Caroline du Nord comme colistier pour la prochaine élection ; d'autres affirment simplement qu'il a nommé l'avocat et espion Dulles par souci d'efficacité, pour son expérience du droit ET des affaires « tordues »).

Avec l'ancien boss de l'Agence dans la Commission et son âme damnée Angleton dans les coulisses, l'opération « d'enfumage » généralisé peut donc commencer, grâce, aussi, à la complicité du successeur de Dulles à la tête de la CIA, John McCone, dont un rapport interne à l'Agence déclassifié en 2013, montre qu'il ordonna à ses hommes de ne fournir à la Commission Warren qu'une assistance « passive, purement réactive, et sélective ».

Gommée, donc, l'affaire Nosenko. Effacée, la relation d'Oswald avec la CIA. Inexistants, les soupçons sur un complot de grande envergure impliquant jusqu'aux plus hauts échelons de la communauté du renseignement de « la plus grande démocratie du monde ».

De quoi scandaliser Mary Meyer, déclencher son indignation, qu'elle partage avec son entourage.

De quoi accentuer la haine de tous ses ennemis, proches de son ex-mari, qui l'entendent depuis des années vitupérer contre la CIA.

Dans ses mémoires (Flash-backs), Timothy Leary, dont elle était devenue l'amie proche parce qu'elle croyait aux effets bénéfiques des paradis artificiels sur la paix universelle, raconte que Mary lui a téléphoné au début du mois de décembre, quelques jours après l'assassinat de son ancien amant.

— Ils ne pouvaient pas le contrôler, dira Mary à l'ancien gourou psychédélique de Harvard. John Kennedy évoluait trop vite. Ils ont arrangé la vérité à leur manière avec leur Oswald. Il faut que je vienne te voir. J'ai trop peur. Sois prudent.

Kennedy avait-il dit à la femme qu'il aimait, avant Dallas, l'avait-elle confié à son journal, dans sa chambre, auprès duquel elle conservait une collection de tous les articles consacrés à la mort du Président, l'avait-elle partagé avec des ami(e)s, que deux complots avaient été déjoués en ce même mois de novembre ? Le premier avait pour cadre Chicago, le 2 novembre, et impliquait plusieurs tueurs dont un ancien marine ayant, comme Oswald, servi dans une base d'avions U2 au Japon, et qui devait se trouver dans un bâtiment surplombant une rue où devait passer le cortège de JFK. Le Secret Service en avait eu vent. Et Kennedy, de toute façon, annula son voyage pour cause d'assassinat du Président Nog Dinh Diem, au Vietnam. Mais des rumeurs d'une autre tentative surgirent à l'occasion d'un voyage présidentiel à Miami, le 18 novembre. Une conversation enregistrée entre un informateur de la police et un militant d'extrême droite faisait état encore d'une équipe de tireurs, dont l'un aurait opéré à partir d'un étage élevé au-dessus des limousines de la Maison Blanche. La police annula le cortège, et invita le Président à prendre un hélicoptère pour se rendre de l'aéroport à l'hôtel où il devait prononcer son discours.

Mary savait sans doute tout cela et l'évoquait de manière trop assourdissante pour qu'on n'ait pas envie de la faire taire. Cord Meyer, son ex-mari, ne s'était jamais vraiment remis du divorce ni de l'impitoyable et incessante remise en cause, par la femme qu'il avait tant aimée, de ses activités au service de la CIA. Pour les enfants, ils continuaient de se parler, lui, essayant de se justifier, d'expliquer à Mary que le monde avait changé, que leurs idéaux pacifistes de jeunes mariés ne suffisaient plus face à l'Union Soviétique ; elle, toujours belle et farouche, lui assénant ses accusations de trahison de leurs rêves communs dont elle ne s'était jamais éloignée et qu'incarnait Kennedy, leur compagnon de route depuis l'adolescence, aimé par l'une, adversaire pour l'autre. Cord Meyer laissa-t-il échapper, par mégarde, des bribes d'informations sensibles dans ces conversations où les emportements et frustrations de la passion embrasent et annihilent la froideur et le calme de l'agent secret ? James et Cicely Angleton, specimen rare de l'union d'un couple dans l'amour et la haine, que Mary fréquenta jusqu'à sa mort – surtout Cicely –, donnèrent-ils aussi à Mary l'occasion de se saisir d'indices intrigants, de quelques pièces d'un puzzle qu'elle entreprit de reconstituer ? D'autres amis et relations – l'entourage de Robert Kennedy – nourrirent-ils jusqu'à l'obsession la volonté de Mary de savoir qui avait tué, fait tuer, son amant ?

En tout cas, avant même la publication du rapport Warren, elle fouinait, cherchait tout ce qu'il y avait à savoir sur la mort de « son » homme. Après Dallas, elle était allée trouver son ami Kenny O'Donnell, membre de ce clan des plus proches conseillers de JFK affectueusement surnommé « la mafia irlandaise » (de Boston), et qui était dans le cortège de Dallas, juste derrière la voiture de John et Jackie. L'ancien combattant de la deuxième guerre mondiale lui avait certifié que deux coups de feu, au moins, en plus des trois venus de l'arrière, du bâtiment où était Oswald, venaient de devant le cortège, derrière une barrière du célèbre talus d'herbe derrière lequel d'autres tueurs qu'Oswald se seraient cachés. Témoignage confirmé en 1987 par un autre Bostonien célèbre, Tip O'Neill, ancien président de la Chambre des représentants qui raconta dans ses mémoires le même récit du même O'Donnell dans un dîner privé en 1968 et rapporta le dialogue qui suit.

— Mais ce n'est pas ce que vous avez dit à la Commission Warren, s'étonna O'Neill.

— Exact. Mais on m'a dit que j'avais dû imaginer des trucs, que cela n'avait pas pu se passer ainsi. Je me suis incliné. Je ne voulais pas ajouter encore à la douleur de la famille.

— Mais c'est incroyable, s'insurgea O'Neill. Pour rien au monde je n'aurais agi ainsi. J'aurais dit la vérité.

— Tip, il faut que vous compreniez. La famille, tout le monde, voulait oublier la tragédie. Reléguer tout cela derrière soi.

Tout le monde ? Pas Mary, qui s'obstina jusqu'à sa mort.

Peter Janney, psychologue près de Boston, est probablement l'homme qui connaît le mieux l'histoire de Mary Meyer aux États-Unis. Quand il était petit, il fut le meilleur ami de Michael, l'enfant de Cord et de la femme assassinée, écrasé par une voiture en 1956. Les deux garçons, inséparables, s'étaient connus à l'école, et ils étaient voisins. En outre, Wistar Janney, le père de Peter était, comme celui de Michael, un des cadres de la CIA. La mort du garçonnet, quand il avait 9 ans, puis l'assassinat de sa mère – il en avait dix-sept – traumatisèrent Peter à jamais. D'autant plus qu'il n'eut jamais de bonnes relations avec ses propres parents et que Mary, aux charmes infinis de la femme mûre mais belle, si belle, fut à la fois une sorte de mère de substitution et source de fantasmes. Du coup, parallèlement à sa carrière de psychologue, Janney consacra une bonne partie de sa vie à rechercher la vérité sur le meurtre de Georgetown, qu'il raconte aujourd'hui, dans sa retraite de Beverly, jolie bourgade au bord de l'océan non loin de Boston, avec la sérénité de l'homme convaincu de détenir la vérité. Il en a fait un livre fascinant, trop méconnu, Mary's Mosaïc (Editions Skyhorse Publishing), dont il partage volontiers les informations et conclusions et sans lequel cet ouvrage ne saurait exister.

Ne comptant ni son temps, ni son argent, il a retrouvé des témoins étayant les rumeurs sur des trucages et manipulations destinés à masquer le complot contre Kennedy : au cours de l'autopsie du corps du Président, par exemple, pour transformer en blessure infligée de l'arrière la trace d'une balle lui ayant transpercé le bas de la nuque et le cou, et qui était entrée en réalité par la gorge, qui avait donc été tirée devant la voiture dans laquelle se trouvaient Jackie et John ; Janney affirme aussi, témoignage à l'appui d'un technicien du National Photographic Interpretation Center de la CIA, que la version originale et non publiée du film de Zapruder (trois copies en ont été tirées) est beaucoup plus parlante et ne laisse aucun doute sur les balles tirées depuis l'amont du cortège.

Mais Janney a surtout reconstitué les tourments de Mary Meyer après Dallas. La sensation qu'elle avait d'être surveillée. Son amitié avec Joan Bross, une autre « épouse CIA » qui racontait que James Angleton savait tout de Mary – sa liaison avec JFK, son mépris pour la CIA – parce qu'il se vantait discrètement d'avoir mis son téléphone sur écoute.

Il a aussi retrouvé les traces d'un ancien contractuel de la CIA, Robert D. Morrow, mort en 1998, qui raconta dans un livre paru en 1992, First Hand Knowledge, comment il fut convoqué de toute urgence par son ancien patron à Langley, Marshall Diggs, au lendemain de la parution du rapport Warren.

— Il y a une femme assez connue à Washington qui en sait trop sur la CIA, nos opérations à Cuba, nos agents, les liens entre tout cela et l'assassinat de Kennedy, lui dit-il.

Morrow avait dirigé une opération particulière à Cuba : il s'agissait d'inonder l'île de fausse monnaie pour détruire son économie. Robert Kennedy, que John avait chargé de surveiller discrètement les opérations clandestines de la CIA parce qu'il ne faisait pas confiance à Dulles, y avait mis fin peu avant Dallas.

— Mais tu as vu le rapport Warren, répliqua Morrow à son ancien chef. Il n'y a rien là-dedans qui puisse nous mettre en difficulté.

— J'aimerais le croire. Cette femme, elle connaît tout le monde à Langley.

— Qui est-ce ?

— Mary Meyer, l'ex-femme de Cord Meyer. Elle le déteste. Elle nous déteste. Elle connaît vaguement Robert Kennedy. Heureusement, un de mes amis la connaît très bien. Elle parle trop.

Morrow « travaillait » Cuba avec Diggs, avec Tracy Barnes - haut gradé de la CIA, ami de Cord Meyer et d'Angleton - et avec Mario Kohly, fils de l'ancien ambassadeur de La Havane en Espagne avant Castro et patron des « Libérateurs Cubains », peloton de mercenaires anticastristes. Kohly pensait qu'il pourrait devenir un jour, avec le soutien des Américains, le successeur du « Lider Maximo ».

— Pour aller droit au but, affirma Diggs, Mary Meyer a dit à mon ami qu'elle était persuadée que la CIA avait trempé dans l'assassinat de Kennedy avec des Cubains et la mafia. Si elle continue, Robert Kennedy va continuer à fouiner lui aussi. Il paraît qu'il soupçonne déjà quelque chose. Tracy Barnes se fait du souci. Il faut en parler à Kohly.

Morrow en parla à Kohly, quelques heures plus tard, à New York.

— Dis juste à Diggs que je m'en occupe, réagit le Cubain.

Une semaine après, Mary Meyer était morte.

Selon un de ses vieux amis, John Williams, professeur à l'université du Wisconsin, Morrow en conçut un tel sentiment de culpabilité qu'il passa le reste de sa vie à chercher qui avait fait tuer Mary

Meyer. « À la fin, confia Williams à Janney, Morrow me disait : ce n'est pas Kohly le responsable. C'est Angleton ».

* * *

Parce que, petit garçon, il l'avait connue et admirée, parce qu'il avait aimé comme un frère son fils tué à 9 ans, Peter Janney a fait de l'élucidation du « meurtre non expliqué le plus fascinant de l'histoire de Washington » une sorte de quête du Graal. Il ne fut pas le seul. Leo Damore, journaliste de grande réputation, auteur de plusieurs livres sur la famille Kennedy dont un best-seller sur la responsabilité de Ted dans la mort de Mary Jo Kopechne[1] fut le premier. C'était Kenny O'Donnell, le conseiller et ami intime de JFK, qu'il connaissait depuis 1966, qui l'avait intéressé au destin de celle qu'il avait fini par surnommer « la déesse derrière le trône ». Damore, donc, enquête sur le meurtre de Mary Meyer avec cette incroyable détermination dont font preuve les meilleurs journalistes d'investigation du pays qui a la meilleure presse du monde. Peter Janney, qui poursuit ses propres quête et enquête, fait la connaissance de Damore en 1992. Pendant

1. Morte noyée en 1969, lors de l'accident d'une voiture conduite par Ted Kennedy sur l'île de Chappaquidick, près de Martha's Vineyard. Kennedy ne révéla pas tout de suite sa responsabilité et sa fuite alors qu'il aurait sans doute pu venir en aide à la jeune femme coincée dans la voiture qui s'enfonçait dans l'eau.

des mois, les deux hommes se voient, s'appellent, échangent informations et contacts, à la fois dans les milieux de la politique et du renseignement.

— « Leo avait déjà trouvé le titre du livre qu'il allait sortir en 1993 pour dénoncer l'implication de personnages haut placés dans l'assassinat de Mary. Il allait l'appeler « Burden of Guilt » (« Le Fardeau des Coupables »), raconte Janney. Mais à l'automne, il a plongé dans une crise profonde de paranoïa et de déprime. Il s'est mis à raconter qu'on l'écoutait, qu'il était suivi. Il n'a jamais pu finir son livre. En octobre 1995, il s'est suicidé ». Sa mort n'est apparemment pas suspecte, même si, comme Jack Ruby, Damore se disait convaincu qu'on l'avait « empoisonné ». Il s'est donné la mort devant témoins : un policier, une infirmière. Et son autopsie révélera qu'il avait une tumeur au cerveau non décelée auparavant, donc non soignée.

Avant de mourir, Damore avait tellement avancé dans son enquête qu'on reste bouche bée devant ses travaux, dont Janney hérita de la partie qu'on retrouva. Il assura par exemple avoir vu une copie du véritable journal de Mary Meyer, que James Angleton, donc, n'aurait jamais détruit. Dans quel but ? Parce qu'Angleton gardait tout, cachait tout. Cela pourrait toujours servir. Ainsi, selon Damore, l'ami de Cord Meyer serait entré dans une rage folle lorsqu'un journaliste de Newsweek publia une critique positive d'un livre paru en 1980, Wilderness of Mirrors, dans lequel le journaliste spécialisé David Martin racontait la vie et l'œuvre de James Angleton. Ce dernier avait été finalement viré de la CIA en 1974 par William Colby, le Directeur de l'Agence, qui n'en pouvait tellement plus de la folie paranoïaque de ce contre-espion qu'il avait fini par conclure à son influence destructive et que, prétextant qu'une des activités courantes de la CIA dont Angleton se vantait – ouvrir les correspondances privées des citoyens – n'était plus acceptable dans l'air du temps, il l'avait chassé de la maison.

Quand le livre de David Martin paraît, Angleton, de plus en plus emmuré dans son univers de complots, d'amertume, d'ivrognerie, entre en rage. Pour tenter de rétablir sa réputation, il contacte un de ses amis proches des milieux les plus conservateurs de la CIA, Bernie Yoh, qui a fondé un think tank, Accuracy in Media (AIM), un organisme « d'agents d'influence », de « chiens de garde » censés faire respecter la vérité dans les médias, et qui écrit un article défendant Angleton. Selon Damore, qui le rencontre et l'interroge en 1990, Yoh a alors la surprise de voir Angleton débouler dans ses bureaux quasiment tous les jours. Désœuvré et reconnaissant, désireux d'illustrer et de défendre sa vie et son œuvre, le vieil ivrogne se met à égrener ses souvenirs. Parfois, complètement éméché, il joue les bavards prétentieux, comme on fait quand on sent que la fin est proche – il mourra en 1987 – et qu'on est tenté de partager des secrets pour briller auprès de ses interlocuteurs. Ou pour s'en libérer parce qu'ils deviennent trop lourds à porter.

— « Un jour, racontera Yoh à Damore, Angleton s'est mis à me parler de Kennedy, comme ça, sans trop rien dire. Mais on sentait que ça le démangeait. Plus tard, il m'a parlé de la maîtresse du Président, Mary Meyer, morte au bord du canal. Avec une certaine insistance, comme s'il voulait que je l'encourage à m'en dire toujours plus, comme s'il voulait me convaincre qu'il était détenteur de secrets et qu'il avait toujours su les garder, il a mentionné un journal intime. Moi, je ne comprenais pas trop de quoi il parlait. Je lui ai demandé : quel journal ? Vous savez bien, m'a-t-il répondu. Cette femme assassinée à Georgetown. C'est moi qui me suis occupé de tout. Et il m'a donné une copie du journal intime de Mary Meyer. Parce qu'il voulait que je connaisse la face cachée de Kennedy ».

Yoh est mort en 1995, comme Damore. Et le journal intime de Mary Meyer n'a jamais fait surface. Damore assurait que Yoh le lui avait montré, qu'elle y avait fait référence à des liens entre Angleton et l'assassinat de Kennedy ; qu'elle était morte pour cela.

Intéressant, mais quoi ? Comment tirer des conclusions définitives de ce qui pourrait n'être que bobards et racontars propres à séduire les amateurs de conspirations improbables ou, pour le moins, improuvables ?

Nourri des révélations de Yoh, en tout cas, Damore a poursuivi son enquête. Au cœur de celle-ci : la radioscopie minutieuse du procès de Ray Crump Jr, l'homme arrêté au bord du Potomac quelques minutes après l'assassinat de Mary. Damore avait recherché et retrouvé deux des témoins clés des audiences : l'homme de la station-service, Henry Wiggins, et le joggeur du Pentagone, William Mitchell.

Wiggins rappellera à Damore que, dans la confusion qui avait suivi les coups de feu qu'il avait entendus, il avait certes confirmé que Ray Crump ressemblait à l'homme qu'il avait vu, par-dessus le petit mur surplombant le canal, penché sur le corps sans vie de Mary. Mais il lui rappellera aussi qu'il avait été intrigué par le contraste entre le calme de cet homme convenablement habillé et l'allure nerveuse et négligée du « coupable » finalement acquitté.

Quant au lieutenant Mitchell, les découvertes de Damore, puis de Janney sont stupéfiantes. On se rappelle que le militaire se manifesta auprès de la police, le lendemain du crime, pour dire qu'il avait croisé Mary sur le chemin de halage, suivie de près par « un homme noir » dont le portrait correspondait à celui de Crump.

Qui donc était Mitchell, s'enquérirent Damore, en 1992, puis Janney – qui finira, on le verra plus tard, par retrouver lui aussi et interroger ce témoin capital ? Devant la police, puis au procès, le lieutenant se dit en poste au Pentagone, ce qui est confirmé par un annuaire de l'armée de 1964. Les registres téléphoniques de l'époque donnent son téléphone et son adresse d'alors : 1500, Arlington Boulevard, Arlington, dans la proche banlieue de Washington. Mais après 1964, il disparaît des annuaires. Sans laisser de nouvelle adresse. Le voilà désormais inconnu dans les registres de l'armée. Dans un article au moment du procès, une journaliste du Washington Star lui a donné comme profession, outre ses activités dans l'armée, un poste d'instructeur en mathématiques à temps partiel à l'université de Georgetown. Damore va fouiner dans les registres de l'université. Mitchell y est inconnu. Damore en parle à trois contacts de la CIA. Qui reconnaissent l'adresse du 1500 Arlington Bvd à Arlington : une safe house (planque) de la CIA. Et qui affirment que l'Agence avait pour habitude d'utiliser de faux postes à Georgetown University comme couvertures pour ses agents secrets.

Comment retrouver Mitchell ? Malgré tous ses efforts, Damore n'y parvient pas, même s'il réussit à reconstituer des bribes de parcours professionnel incertain, donc suspect, forcément suspect, pour le militaire. Il actionne toutes sortes de ses contacts. Sans succès. En désespoir de cause, il lui envoie une lettre à sa seule adresse connue, au

1500 Arlington Bd, Arlington, Virginie. Quelques jours plus tard, le 30 mars 1993 au soir, le téléphone de Damore sonne.

— Ici William Mitchell. J'ai entendu que vous me cherchiez. Et j'ai bien reçu votre lettre. J'ai aussi apprécié le livre que vous avez écrit sur Ted Kennedy et Mary Jo Kopechne. Que voulez-vous savoir ?

La conversation téléphonique durera quatre heures. À l'aube, Damore appelle son avocat et ami intime, Jimmy Smith, ancien collaborateur de Robert Kennedy jusqu'à son assassinat pendant la campagne présidentielle de 1968.

— Mitchell m'a tout raconté, hurle Damore au téléphone. Il était sur les lieux du crime en service commandé. Il sait que nous sommes quelques-uns à chercher la vérité et il ne veut pas être le bouc émissaire de toute l'histoire alors qu'il n'en a été qu'un rouage. Le meurtre de Mary est une opération de la CIA.

En écoutant Damore, Smith prend fébrilement des notes, aujourd'hui en possession de Peter Janney, seules traces désormais de l'incroyable enquête de Damore puisqu'il plongera peu après dans une profonde dépression et que sa veuve ne retrouvera jamais le manuscrit qu'il avait entamé.

Les notes de l'avocat racontent un Mitchell avouant à Damore que son job au Pentagone en 1964 n'était qu'une couverture pour son travail véritable d'agent des services de renseignements qu'il avait exercé aussi au sein de l'US Air Force et de l'US Navy ou, à l'occasion, du FBI. En septembre 1964, on l'avait affecté à un petit groupe chargé de surveiller, d'écouter, de traquer Mary Meyer parce qu'elle avait « mal » réagi au rapport de la Commission Warren. Elle avait confié son indignation à son ex-mari, qui en avait parlé à Angleton, détails qu'elle avait consignés dans son journal. Elle allait parler. Forcément. Trop.

Quelques semaines après le début des opérations de surveillance de Mary, ordre fut donné par le bureau « Domestic K » (contrats domestiques) de la CIA de « terminer » la cible. Il fallait tuer Mary Meyer.

Évidemment, l'opération devait avoir l'allure d'un crime de hasard. Objectif, donc : agir dans un lieu public, très vite choisi puisque Mary allait quasiment tous les jours, presque toujours à la même heure, se promener le long du canal. Il fallait agir à un moment approprié, avec une équipe de six à huit personnes en place longtemps à l'avance, prêts à intervenir quand il y aurait, aux abords du lieu choisi pour le meurtre, un « coupable » approprié. Quand les vigies de la CIA repèrent, le 12 octobre, Ray Crump et sa maîtresse qui se mettent à batifoler aux abords de la scène du crime à venir, les comploteurs se disent qu'ils ont trouvé un candidat très convenable pour endosser le rôle du tueur. Vite, la Direction des Services

Techniques de l'Agence procure à la doublure de Crump, en réalité au véritable assassin, les mêmes vêtements que ceux portés par le pauvre bougre afro-américain. Vite, on met en place sur Canal Road, au-dessus du chemin de halage, une voiture en rade pour qu'un dépanneur au-dessus de tout soupçon puisse être sur place et « identifie » Crump. Au procès de ce dernier, le mécanicien Wiggins racontera que le véhicule – une Nash Rambler – avait disparu quand il était retourné là où il était au moment des coups de feu. Et le patron de la station-service qui avait reçu le coup de fil lui demandant de la faire réparer n'avait aucun nom de propriétaire ni de numéro d'immatriculation pouvant permettre d'identifier qui que ce soit. Dans les minutes de panique suivant les coups de feu, la découverte du corps, la recherche du meurtrier, la Nash Rambler avait disparu.

Quand Mary quitte son studio, tout est en place pour le meurtre quelques minutes plus tard : les vrais et les faux témoins, ceux qui surveillent Crump et le surprennent au bon moment, le vrai tueur, dont la carrure un peu pus forte que celle de ce dernier sera la seule erreur qui empêchera l'Agence de commettre le crime parfait et mènera à l'acquittement du présumé coupable.

Voilà ce que Mitchell racontera à Damore. Avant que celui-ci ne disparaisse brutalement et définitivement. Avant que celui-là ne s'évanouisse à nouveau dans la nature. Jusqu'à ce que Janney le retrouve.

Car obstiné, ce dernier ne lâchera jamais. En 2005, il fait la connaissance d'un ancien lieutenant-colonel des Marines, Roger Charles, reconverti dans les interventions en tant qu'expert auprès des média. En 2004 par exemple, Charles a joué un rôle dans la révélation des traitements scandaleux réservés aux prisonniers d'Abu Ghraib, en Irak. Janney lui demande d'utiliser toutes ses ressources et talents de chercheur en eaux profondes pour retracer le parcours de Mitchell. Charles s'adresse à la banque de données de l'US Army, à Saint-Louis. Qui ne trouve aucun Mitchell en poste au Pentagone en 1964. Il retrouve quand même son nom dans un vieil annuaire du siège du ministère de la Défense, avec son numéro de bureau (BE 305). Déterminé, et malin, Charles s'intéresse alors à la vingtaine de militaires en poste autour du bureau BE 305. Cinq, dont Mitchell, ont disparu des registres sans laisser de traces. Janney : « C'est une procédure typique mise en place pour le travail clandestin dans les agences de renseignement, m'a assuré Roger Charles. Ce Mitchell était bien un agent des services secrets ».

Mais encore ? L'obstination obsessionnelle, encore et toujours. Les souvenirs qui hantent Janney, de son ami Michael mort à 9 ans, de la belle Mary qu'il crut apercevoir un jour, de loin, bronzer nue dans son grand jardin ; de son père à lui, Wistar Janney, qu'il détestait comme Mary avait fini par détester son mari Cord Meyer ; de cet univers clandestin et criminel, de cette CIA, ces Dulles et ces Angleton apporteurs de malheurs comme d'autres sont apporteurs d'affaires.

Alors, Janney creuse. Lit tout ce qui lui tombe sous la main. Un livre d'un certain H. P. Albarelli sur le programme MKULTRA et la liquidation, par la CIA, d'un des siens, parce qu'il en savait trop sur ces expérimentations criminelles d'utilisation d'hallucinogènes et de leurs effets sur le comportement des hommes (voir plus haut p. 103) Janney contacte Albarelli parce qu'il se dit que son profil d'expert, de consultant, d'auteur, de chercheur, son expérience, ses réseaux « d'ancien combattant » au sein des cabinets noirs de toute espèce, peuvent être utiles. Bingo ! Albarelli assure qu'il connaît le 1500 Arlington Boulevard, Arlington, qu'il y a même vécu quand il était lui-même « étudiant » à Georgetown University, que c'est bien l'adresse d'une planque de la CIA. Lui aussi creuse, revient vers Janney quelques jours plus tard, lui confirme que ses « sources » ont retrouvé la trace d'un William Mitchell dans les effectifs des « Forces Spéciales » de l'US Army. Il utilisait aussi les pseudonymes de Allen Crawford ou Walter Morse à l'occasion. Appuyé par quelques détectives privés, Janney retrace alors le parcours de cet homme qu'il va rechercher tel un moderne Achab à la poursuite de Moby Dick. « L'animal » est né en 1939 à New York. Élève et sportif brillant en « high school » – matières scientifiques, tennis, athlétisme, basket –, il sort de la très réputée université de Cornell avec un diplôme d'ingénieur en 1962. Il se voit aussi décerner une mention spéciale pour ses prouesses au sein du programme de formation des officiers de réserve (Reserve Officer Training Corps, ROTC) de la célèbre université. Direction Harvard, ensuite, pour une Maîtrise en Sciences Appliquées décrochée en juin 1963. Après, le brouillard. Aucune trace de lui au Pentagone entre 1963 et 1965 sinon son nom dans un annuaire téléphonique, et le numéro de bureau d'un service dont le chef, le lieutenant-colonel Ralph Heller Cruikshank, va et vient, vaque à des tâches jamais précisées après quatorze ans au service de la section du renseignement de la 82e division aéroportée, la force de « réaction rapide » de l'US Army. Que fait Mitchell au Pentagone, sous les ordres de Cruikshank ? On ne sait trop. Lui non plus n'est pas beaucoup là. Armé de son numéro de sécurité sociale et de son deuxième prénom – Lockwood, William Lockwood Mitchell – Janney trouve en revanche trace de son passage, à cette époque, 63-64, à la base de Fort Eustis, en Virginie, tout près de Camp Peary, le centre d'entraînement de la CIA.

Survient le meurtre de Mary Meyer, le 12 octobre 1964, puis le témoignage spontané de Mitchell auprès de la police le lendemain, la confirmation de ses propos sur Ray Crump au procès de ce dernier en juillet 1965, l'acquittement inattendu de celui-ci. Notons le flou qui entoure ses véritables occupations à ce moment-là puisque, s'il se présente comme un impeccable lieutenant de l'armée américaine basé au Pentagone, une journaliste du Washington Star – que Janney retrouvera mais qui ne se souviendra plus comment elle avait été amenée à l'identifier ainsi – le qualifiera aussi d'instructeur en mathématiques à Georgetown University.

Au lendemain du procès, en tout cas, Mitchell disparaît, des États-Unis et de l'armée. Il part pour Londres et, après Cornell, après Harvard, après l'armée, des études à la London School of Economics, d'où il revient en 1966 avec une Maîtrise en « Recherche Opérationnelle ». Il entame dès lors une carrière très respectable d'enseignant universitaire dans le Département de Business et d'Économie de la California State University tout en poursuivant des études si poussées qu'il obtient un Doctorat de Mathématiques de Berkeley en 1989.

Quelle étrange histoire ! On pourrait presque croire à une confusion d'identités, d'autant plus qu'en 1974, William Lockwood Mitchell, le même, celui de Cornell, de Harvard, de l'armée, du procès de Ray Crump, de la LSE, de l'université de Californie, change très officiellement de nom. Comme s'il voulait brouiller les cartes, se fondre un peu plus dans l'anonymat absolu alors que l'air du temps est aux enquêtes en tous genres sur les méfaits de la CIA. Des enquêtes qui annoncent la révision sur les idées toutes faites à propos de Dallas et de ses suites. Oh, il ne change pas tant que cela. Il transforme juste le William en Bill, fait disparaître le Lockwood de son identité, ce qui suffit à le doter d'un nouveau numéro de sécurité sociale. Mais qui ne suffit pas à décourager Janney. Le 27 août 2012, alors que la première édition de son livre sur Mary Meyer vient de sortir, Janney part pour la Californie sonner chez Mitchell, qui lui claque la porte au nez.

Mais notre homme est obstiné. À la fin de l'été 2013, Mitchell reçoit ce qu'on appellerait en France du « papier bleu ». Janney a déposé plainte, à titre personnel, au motif de « souffrances psychologiques liées au meurtre de Mary Meyer » et aux conséquences de sa non-élucidation un demi-siècle plus tard. Mitchell est invité à comparaître devant la Cour Supérieure du District of Columbia, à Washington, au titre de participant à un complot d'assassinat contre Mary Meyer pour empêcher celle-ci de donner des détails et informations sur l'assassinat de John Fitzgerald Kennedy. Incroyable, au sens propre du terme. Comment un juge pourrait-il accorder le moindre crédit juridique à une telle requête et obliger Mitchell à comparaître ? Comment Mitchell pourrait-il ne pas assigner le psychologue-justicier de Boston en diffamation ? Mais ce qui l'est encore plus – incroyable –, c'est la réaction de Mitchell. Son avocat contacte celui de Janney et lui propose une déposition officielle, devant huissier de justice, en présence des deux hommes de loi, en échange du retrait de la plainte. L'occasion est trop belle. Naturellement, Janney accepte.

Oakland, Californie, 22 janvier 2014, dans une salle de conférences de l'étude Aiken Welch, 1 Kaiser Plaza, Suite 250, devant Kyle Mc Lean, sténographe judiciaire certifié n° 13787, qui consigne que l'audition a débuté à 10 h 23 pour se terminer à 12 h 47.

Janney raconte. « Mal rasé, le corps perdu dans un vieux survêtement, l'allure d'un vieillard qui vient de tomber de son lit, le visage décharné, j'ai devant moi un homme de 74 ans qui ne cache pas qu'il me hait… Près de cinquante ans après la mort de Mary Meyer, j'ai peut-être devant moi le dernier homme à l'avoir vue en vie… Vais-je enfin pouvoir déchiffrer l'énigme Mitchell ? ». Ce dernier nie tout, dans un de ces pancraces oratoires frustrants où l'un des participants tente de poser des questions auxquelles l'autre tente d'éviter de répondre, affirmant seulement qu'après quelques années banales au service de l'armée américaine il est devenu un honorable professeur de mathématiques en Californie.

Janney lui demande comment il se fait qu'un ingénieur diplômé de Cornell, sorti avec mention du corps de formation des officiers de réserve, se retrouve en juillet 1963 à occuper un poste ennuyeux du service des transports de l'armée dans la base de Fort Eustis, en Virginie, alors qu'il avait toutes les distinctions requises pour servir dans le prestigieux Corps des Ingénieurs de l'US Army.

« Je lui fais d'ailleurs remarquer que le seul autre diplômé de sa promotion de Cornell ayant ses états de service a fini général dans ce "Corps of Engineers", précise "l'interrogateur".

— Je ne me souviens pas, répond simplement Mitchell à mes observations.

— Comment vous êtes-vous retrouvé à faire votre jogging sur le chemin de halage du canal le 12 octobre 1964 ?

— Je ne me souviens pas.

— Pourquoi, alors que vous étiez en poste au Pentagone, n'alliez-vous pas courir à côté de votre bureau, comme tous vos collègues, autour de l'Athletic Club des Officiers du Pentagone ? Pourquoi alliez-vous si loin ?

— Je ne me souviens pas.

— Vous alliez toujours courir à l'heure du déjeuner ?

— Toujours.

— Combien de temps aviez-vous pour aller déjeuner ?

— Je ne me souviens pas.

— Si vous vouliez, vous pouviez prendre tout votre après-midi ?

— Je ne me souviens pas.

— Vous arrivait-il d'aller courir ailleurs qu'au bord du canal ?

— Je ne me souviens pas.

— Comment vous êtes-vous retrouvé à habiter au 1500 Arlington Boulevard, à Arlington, un immeuble connu désormais pour avoir abrité des "planques" de la CIA ?

— Je ne sais plus. Je n'ai jamais parlé à personne dont j'ai pu savoir qu'il était de la CIA.

— Un de vos anciens camarades de Cornell nous a dit que, très tôt, vous vous êtes engagé dans le renseignement.

— Le renseignement ?

— Oui.

— Les services de renseignement ?

— Il n'a pas précisé si c'était le renseignement militaire ou civil.

— Non, je n'ai jamais travaillé dans le renseignement.

— Avez-vous jamais signé une clause de confidentialité quelconque avant, pendant, ou après votre passage dans l'armée ?

— Je ne me souviens pas.

— Au procès de Ray Crump, avez-vous été en contact avec le procureur Hantman pour préparer vos réponses à ses questions avant votre témoignage ?

— Non. Je ne me souviens pas.

— En dehors de votre témoignage, avez-vous rencontré le procureur Hantman après le début du procès ?

— Je ne me souviens pas... »

À trois reprises, raconte Janney, Mitchell entra dans une colère folle, se leva et gesticula en criant qu'il n'avait jamais tué personne. Mais ce 22 janvier 2014, à Oakland, l'ancien lieutenant qui avait, cinquante ans plus tôt, désigné Ray Crump comme coupable du meurtre de Mary Meyer, n'était plus qu'un vieillard qui ne se souvenait de rien. Qui n'avait jamais entendu parler de Leo Damore avant de lire son nom dans les recherches de Janney. Qu'il ne lui avait jamais téléphoné, et que le Mitchell qui avait appelé, le 31 mars 1993, celui qui enquêtait sur la mort de Mary pour nier sa participation au meurtre n'était qu'un imposteur.

Mais le vrai Mitchell, celui que Peter Janney avait en face de lui dans la Suite 250 de Aiken et Welch à Oakland, avait au moins menti sur un point fondamental. Car Janney obtint, quinze mois après sa confrontation avec lui, au terme d'une longue bataille juridique, des documents supplémentaires sur la carrière militaire de Mitchell : ils contenaient un « Army's Special Order 219 » ordonnant à Mitchell de se présenter au Pentagone le 16 septembre 1963 pour prendre ses fonctions à la Defense Intelligence Agency. Les Services de Renseignement de l'Armée.

Pas de quoi en faire forcément un coupable. Mais assez pour entretenir le mystère. Et d'assourdissants soupçons. D'autant qu'à la lumière de ces nouvelles informations, Janney reprend contact avec l'avocat de Mitchell.

— Votre client souhaite-t-il modifier sa déposition du 12 janvier 2014 ? écrit-il le 12 janvier 2016 au défenseur du militaire suspect en reprenant une longue liste de ses questions.

— Mon client n'a aucun commentaire à faire, répondra simplement ce dernier.

Affaire classée.

* * *

Mary fut enterrée le jour de son 44e anniversaire, le 14 octobre 1964, au début de l'après-midi, quarante-huit heures à peine après son assassinat. Tous ses amis – les vrais et les faux –, près de deux cents personnes, se pressaient là, dans la Bethlehem Chapel de la majestueuse Cathédrale Nationale de Washington, superbe bâtiment néogothique inauguré au début du siècle. La chapelle fut construite avant le reste de l'édifice et se trouve au niveau de la crypte, à côté du cercueil du premier évêque du lieu. Tels des fidèles de catacombes, ils s'étaient déjà réunis là, au sous-sol, atterrés, pour son fils Michael, mort dans un accident huit ans plus tôt. Mary et Michael se retrouveront d'ailleurs quelques heures plus tard, inhumés côte à côte dans le petit cimetière proche de la vieille propriété familiale de Grey Towers, en Pennsylvanie, où JFK était venu pour la première fois avec Mary deux mois avant Dallas.

Quatre hommes ont déposé le cercueil près de l'autel de la Bethlehem Chapel de la cathédrale épiscopalienne, entre œillets blancs et chrysanthèmes : James Angleton, bien sûr, l'ami indéfectible, « à la vie à la mort », de Cord, l'ex-mari que personne n'avait jamais vu pleurer mais qui semblait, ce jour-là, effondré ; à la demande de ce dernier, il y avait aussi leur ami de la CIA, le père de Peter Janney, Wistar, qui n'avait pourtant jamais aimé Mary parce qu'elle ne cessait de fustiger l'Agence et ses dérives ; le troisième porteur de cercueil était l'ancien amant de Mary – l'artiste Ken Noland –, qui n'avait jamais bien digéré que la jeune femme le quitte pour JFK et en avait conçu une infinie et éternelle douleur ; le quatrième était l'ami des Kennedy, Bill Walton – qui servit si souvent de chevalier servant et de couverture à Mary lorsqu'elle venait à la Maison-Blanche, alors qu'il était homosexuel.

À 71 ans, dévastée par le chagrin mais toujours vaillante – elle mourra à 91 ans – Ruth Pinchot, la mère de Mary, sanglotait en silence. Tony (Antoinette), la « petite » sœur, et son mari Ben Bradlee, étaient aux côtés des enfants de Cord et de la défunte, Quentin, 18 ans, et Mark, 14.

Jackie Kennedy, bien sûr, n'était pas venue. Mais de nombreux proches du Président assassiné, membres présents ou passé de son administration, étaient là : l'historien Arthur Schlesinger, qui écrivait ses discours ; McGeorge Bundy, qui fut son conseiller pour la Sécurité Nationale ; le journaliste-écrivain Theodore White, qui fut le premier à évoquer la légende du roi Arthur et de Camelot pour mythifier JFK et son équipe. Il y avait aussi Katherine Graham, propriétaire du Washington Post, et Scottie Fitzgerald Lanahan, la fille du « Great Gatsby », amie d'université de Mary, et même la femme d'Hervé Alphand, l'ambassadeur de France, dont les réceptions régalaient régulièrement le tout-Washington. Allen Dulles était absent, mais représenté par un de ses anciens adjoints, Richard Helms, lui-même futur Directeur de l'Agence.

Dans son éloge funèbre, Paul Moore Jr., évêque du diocèse épiscopal de Washington, évoqua avec éloquence « l'honnêteté de Mary, son sens de l'amitié, sa sensibilité rare, la beauté qu'elle portait et qui irradiait nos vies ». Puis il s'interrogea sur les raisons pouvant expliquer un acte « aussi horrible, affreux, irrationnel. Nous ne les connaissons pas. On peut juste imaginer qu'elles appartiennent aux péchés et aux maladies qui enveloppent l'univers entier ».

Entassés dans la chapelle, beaucoup pleuraient. Combien, parmi eux, se disaient, soupçonnaient, imaginaient, que le pauvre Ray Crump, recroquevillé depuis deux jours dans sa cellule, pourrait ne pas être déclaré coupable d'un crime épouvantable certes, mais que l'on croyait alors, dans le Washington violent de l'époque, relativement banal[1] ?

Combien pouvaient imaginer que l'un de ceux-là, Angleton, « l'ami » Angleton, le sulfureux Angleton, le tout-puissant Angleton, avait relégué dans une geôle secrète et fétide un dissident du KGB qui pouvait en dire long sur les liens entre Lee Oswald et la CIA, éclairer donc, ainsi, l'indignation de Mary après la publication du rapport Warren ? Et expliquer les raisons profondes de son assassinat.

Combien pleuraient la mère toujours attentionnée, la fille toujours attentive, l'amie toujours prévenante, l'artiste toujours déterminée ?

Combien pleuraient la femme toujours désirable et désirée qui avait aimé quelques hommes ? Dont, en secret, le plus puissant du monde. Et qui, sans doute, en était morte. Assassinée au bord du canal de Georgetown.

1. Crump ne se remettra jamais de cette épreuve. Abandonné par sa femme, il ne cessera d'alterner les « petits boulots » dans la construction, les crises d'alcoolisme, les incendies volontaires, diverses agressions violentes, de courts séjours en prison. Il mourra, oublié de tous, au début des années 2000.

POSTFACE

Avec l'assassinat de Robert Kennedy, en 1968, la « malédiction Kennedy », comme on dit bizarrement, continua au-delà de Dallas, de Mary Meyer, de tous ces mystères. Expression étrange, en effet, que cette « malédiction » supposée. Car qu'y a-t-il de hasardeux, de divin, de diabolique, de céleste, de transcendantal, dans ces morts le plus souvent ciblées et rarement élucidées au-delà de tout doute ?

On aura vite fait de taxer d'obsessions conspirationnistes les préoccupations de ceux qui, des décennies plus tard, s'interrogent encore sur ces monceaux d'indices concordants. Mais dans le palmarès des obsessions de complots en tous genres, toutes ne sont pas égales : selon les sondages, moins d'un quart des Américains, par exemple, accréditent les thèses les plus sulfureuses sur le 11 septembre 2001 – un complot « busho-sioniste » – ou sur la naissance supposée de Barack Obama hors du territoire américain et donc son illégitimité comme Président. Parce que rien ne vient supporter de telles fadaises.

En revanche, quand on leur demande s'ils croient à une conspiration contre Kennedy, on dépasse les ¾ de réponses positives.

La raison en est simple : les faits ont la vie dure et, si l'accumulation d'actes pour le moins intrigants et de récits faits – de leur vivant – par des témoins qualifiés de « généralement bien informés » ne constitue pas charge de preuve, elle oblige le citoyen, le journaliste, l'historien, à, comme l'écrivait Albert Londres, « porter la plume dans la plaie ». À rappeler que l'assassinat de John Kennedy fut sans doute, dans la plus grande démocratie du monde, le coup d'État le plus achevé, le plus symbolique de l'extraordinaire fragilité de nos systèmes politiques. Rien à voir avec la quelconque « malédiction » d'une famille frappée, en effet, par la mystérieuse collusion de hasards et de morts tragiques sur plusieurs générations. À la guerre, ou dans des accidents de la vie.

Mais JFK ? La « malédiction » d'un illuminé nommé Oswald ? Et Robert, moins de cinq ans plus tard, la coïncidence fatale d'un autre illuminé, Sirhan Sirhan ? Le petit frère de John Kennedy avait conclu que, comme Sénateur, il n'aurait pas les pouvoirs suffisants pour aller au fond des mystères de la tragédie de Dallas. Pour cela, pour traquer et démasquer « les ordures », il lui fallait, au moins, s'installer à la Maison Blanche. C'est en grande partie pour cette raison qu'il se lança dans la course. Et puis, un sale soir de triomphe dans la primaire de Californie, la « malédiction », toujours, de quelques coups de feu tirés par un autre « tueur solitaire », comme Oswald, « pro-palestinien » comme l'autre était « pro-communiste » ? Combien de coups de feu ? Là encore, on ne sait pas trop. Un seul tireur ? Les témoignages varient. L'anti-sionisme comme seul mobile ? Peut-être, même si son avocat et un professeur de Harvard affirmèrent – expériences à l'appui – que l'assassin était aussi sensible à des influences hypnotisantes, comme les cobayes de MKULTRA, pour peu que l'on y mette les moyens.

Aucune « malédiction », en tout cas, dans tout cela. Juste la preuve, le rappel, que l'Histoire mérite que l'on honore sans relâche le précepte de saint Jean dans son Évangile : « Et vous connaîtrez la vérité, et la vérité vous rendra libres ».

Allen Dulles le fit graver à Langley sur l'un des murs du hall d'entrée du QG de la CIA.

LES PRINCIPAUX ACTEURS

Mary Meyer, née Pinchot en 1920, artiste peintre, épouse (1945) divorcée (1958) de Cord Meyer, maîtresse du Président Kennedy, assassinée à Georgetown le 12 octobre 1964.

Cord Meyer, né en 1920, mort en 2001, agent secret. Cadre haut gradé de la CIA de 1951 à 1977. Époux (1945) divorcé (1958) de Mary Meyer.

James Angleton, né en 1917, mort en 1987, agent secret. Responsable, entre autres, du contre-espionnage à la CIA (1949-1974).

Allen Dulles, 1893-1969, Directeur de la CIA (1953-novembre 1961), viré par John Kennedy.

John Kennedy, 1917-1963, président des États-Unis de janvier 1961 jusqu'à son assassinat le 22 novembre 1963 à Dallas.

Lee Oswald, 1939-1963, assassin présumé de John Kennedy, « dissident » américain en URSS d'octobre 1959 à juin 1962. Soupçonné de liens avec la CIA. Assassiné le 24 novembre 1963 à Dallas.

Youri Nosenko, 1927-2008, officier du KGB réfugié aux États-Unis en 1964. Il avait suivi le

« dossier Oswald » quand celui-ci était en URSS. Mis au secret par Angleton pendant 1 277 jours pour l'empêcher de raconter ce qu'il savait sur Oswald et les liens de ce dernier avec la CIA. Réhabilité par l'Agence en 1967 et doté d'une nouvelle identité. Mort aux États-Unis en 2008.

Peter Janney, né en 1947. Psychologue, diplômé de l'université de Princeton, Docteur en Psychologie de la Boston University, il fut le meilleur ami du fils de Mary Meyer tué dans un accident de voiture. Fils d'un officiel de la CIA ami de Cord Meyer, il aimait Mary plus que sa propre mère. Auteur du livre Mary's Mosaïc, cela fait plus de quarante ans qu'il cherche à savoir qui a vraiment tué son amie.

La Commission Warren, commission d'enquête sur l'assassinat de JFK, dirigée par Earl Warren, Pdt de la Cour Suprême. Membres : Allen Dulles, gerald ford (Représentant Républicain du Michigan, futur vice-président puis président des États-Unis), Hale Boggs (Représentant Démocrate de Louisiane), John Cooper (Sénateur républicain du Kentucky), John Mccloy (ancien président de la Banque mondiale), Richard Russell (Sénateur Démocrate de Géorgie). Constituée le 29 novembre 1963, elle remit son rapport au Président Lyndon Johnson le 27 septembre 1964. Elle concluait que Lee Oswald avait agi seul.

House Select Committee On Assassinations Commission parlementaire créée en 1976 sous la pression de chercheurs et d'experts qui ne croient pas, ou plus, aux conclusions de la Commission Warren. Au bout de deux ans de travaux, elle assure qu'Oswald fut l'un des tireurs mais qu'il n'a pas agi seul. Il y a donc eu complot. La Commission n'en identifie pas les auteurs, et disculpe le Secret Service, le FBI, la CIA. Mais elle affirme que **des agents de ces « institutions » ont pu jouer un rôle actif dans la conspiration à titre individuel.**

SOURCES ET BIBLIOGRAPHIE

Mary's mosaic, *The CIA Conspiracy to Murder John F. Kennedy, Mary Pinchot Meyer, and their Vision for World Peace*, par Peter Janney, Skyhorse Publishing, 2013, nouvelle édition septembre 2016.

A very private woman, par Nina Burleigh, Bantam Books, 1998.

The devil's chessboard, *Allen Dulles, the CIA, and the rise of America'secret government*, par David Talbot, Harper Collins, 2015.

Cold warrior, *James Jesus Angleton : the CIA's Master Spy Hunter* par Tom Mangold, Simon & Schuster, 1991.

The brothers, *John Foster Dulles, Allen Dulles, and their Secret World War*, par Stephen Kinzer, St Martin's Griffin, 2013.

A good life, *Newspapering and Other Adventures*, par Ben Bradlee, Simon & Schuster, 1995.

Who really killed Kennedy?, par Jerome R. Corsi, WND Books, 2013.

The Georgetown Ladies'social Club, par C. David Heymann, Atria Books, 2003.

The Georgetown Set, *Friends and Rivals in Cold War Washington,* par Gregg Herken, Vintage Books 2015.

Brothers, *The Hidden History of the Kennedy Years, par David Talbot,* Simon & Schuster, 2007

Personal history, par Katharine Graham, Vintage Books, 1998.

The very best men, *The Early Years of the CIA,* par Evan Thomas, Simon & Schuster, 1995.

C'était de Gaulle, par Alain Peyrefitte, De Fallois/ Fayard (1994, 1997, 2000), Gallimard (2002).

Composition et mise en pages
Nord Compo à Villeneuve-d'Ascq

ACHEVÉ D'IMPRIMER EN DÉCEMBRE 2016 CHEZ CORLET SA
DÉPÔT LÉGAL : JANVIER 2017. N° D'IMPRESSION : 186187
Imprimé en France